# Inhaltsverzeichnis

# Vorwort

Religiöse Erziehung muß den ganzen Menschen ergreifen oder sie bleibt auf der Strecke. Comenius sagte: „Nichts ist im Geiste, was nicht in den Sinnen ist!“

Wir Erwachsene haben uns daran gewöhnt, viele Informationen zu speichern, ohne sie zu verarbeiten. Kinder werden immer mehr in die gleiche Situation gedrängt; sich selbst überlassen, sitzen sehr viele Tag für Tag passiv vor dem Bildschirm und erleben die Welt „aus zweiter Hand“. Dabei würde es ihrem Entwicklungsstand sehr viel mehr entsprechen, sich spielend zu bewegen und so im Spiel die Welt wahrzunehmen, sie zu verarbeiten.

„Der Mensch ist immer dort ganz Mensch, wo er spielt!“ schreibt Friedrich Schiller. Wo aber bleibt dafür Raum und Zeit? Sr. Theresia-Benedicta, eine ehemalige Studierende unserer Fachakademie in München-Au, nunmehr langjährige Erzieherin und Leiterin eines mehrgruppigen Kindergartens, greift deshalb ein sehr wichtiges Thema auf. Sie will die Botschaft der Bibel gleichsam in Bewegung übersetzen. Sie lädt die Kinder auf kreative Weise ein, Gottes Wort lebendig aufzunehmen. Ich bin sicher, daß durch dieses spielende Gestalten elementare Glaubensinhalte be-greifbar werden: In andere Rollen hineinschlüpfen, singen, tanzen – das sind wichtige Lebenselemente für unsere Kinder. Aber sie brauchen den Erwachsenen, der ihnen dazu die Hand reicht. Solche Handreichungen finden Sie im vorliegenden Buch. Nicht am „grünen Tisch“ sind sie entstanden, sondern in der Praxis. Dabei sollten die Erzieherinnen selbst schöpferisch bleiben und sich zu eigenen Spielideen anregen lassen. Ich danke Sr. Theresia-Benedicta für diese sehr wertvolle Handreichung und wünsche dem Buch eine weite Verbreitung.

*Sr. Sibylle Pröll*

# Einführung

Bewegung ist ein elementares Bedürfnis der Kinder. Schon das Neugeborene regt seine Hände und Füße. Was anfangs unbewußt geschieht, wird mit der Zeit bewußt vollzogen. Das Kind übt sich, hat Freude an der Bewegung und setzt sie mit der Zeit zielgerichtet ein. Es strampelt nicht nur und greift, sondern es beginnt mit fortschreitender Entwicklung, auf ein Ziel zuzugehen und lernt, die Dinge der Umgebung zu ergreifen. Ein neues Bewußtsein beginnt sich mit der Zeit zu bilden: das Körperbewußtsein. Das Kind nimmt sich selbst in seiner Leibhaftigkeit wahr. Es probiert aus und erfreut sich an den Möglichkeiten, die es immer wieder neu entdeckt.

Parallel zur Bewegungsentwicklung verläuft die Entwicklung der Sprache. Schon nach einigen Monaten beginnt das Kind, seine Bewegungen mit sprachlichen Lauten zu begleiten. Sprache gehört zu den grundlegend menschlichen Eigenschaften. Das Kind lernt und übt sie ebenso wie die Bewegung, erst reflexiv, dann bewußt. Aus den ersten Tönen und Lauten bilden sich nach und nach Wörter, die dann zu einfachen Sätzen zusammengesetzt werden.
Neben der Freude am Sprechen lernt das Kind schon in frühen Jahren Sprache einzusetzen, um ein bestimmtes Ziel zu erreichen.

Viele Kinder haben Freude an Wiederholungen. Sie wollen Geschichten und Lieder, die ihnen gefallen, immer wieder hören. Sie haben Freude an Reimen, am Gleichklang von Wörtern. Als lustvoll empfinden sie auch Sprache, die mit Bewegung verbunden ist. Es ist Ausdruck ihres spielenden Daseins. Die Verbindung von Körper und Sprache hat für sie etwas Faszinierendes an sich. Das Kind wird mit seiner ganzen Person, mit Geist, Leib und Seele erfaßt und drückt sich aus. Diesem elementaren Bedürfnis der Kinder entsprechen die vorliegenden biblischen Spiele. Hinzu kommt, daß die ganzheitliche Äußerung nicht nur die beste Lernmethode ist, sondern auch die tiefsten affektiven Spuren hinterläßt.

In der Heiligen Schrift wird uns von Menschen erzählt, die vor Gott gesungen, gespielt, getanzt, geklatscht haben. Sie haben ihrer Freude vor Gott körperlichen Ausdruck gegeben.

Gott anzubeten und zu loben mit unserem ganzen Sein, entspricht dem ersten Gebot Gottes: „Du sollst den Herrn, deinen Gott, lieben mit ganzem Herzen und ganzer Seele, mit all deiner Kraft und all deinen Gedanken (Dtn 6,5).

Die vorliegenden Verse und Bewegungsspiele sind für Drei- bis Zehnjährige gedacht. Zum Großteil sind sie gereimt, es finden sich aber auch nicht gereimte Texte. Die kreative Erzieherin wird sich von den hier angebotenen Spielen nicht festlegen, sondern eher inspirieren lassen.

Einige Spiele werden die Kinder schnell auswendig können und alleine wiederholen. Einige werden sie vielleicht nur ein- oder zweimal spielen und dann wieder vergessen. Andere wiederum wird das Kind in seinen Wissensschatz integrieren und nicht mehr vergessen. Die Reime und Verse ermöglichen affektives, spielerisches Lernen.

Die Spielbeschreibungen sollen nur zur Anregung dienen. Die eine oder andere Leserin wird sicherlich weitere Gestaltungsmöglichkeiten finden. So können die Verse zum Teil mit den Händen, aber auch mit dem ganzen Körper gespielt werden oder zu Kreis- und Tanzspielen ausgebaut werden.

Die biblischen Geschichten werden durch die Bewegung lebendig. Neben der Freude am Gleichklang der Wörter soll in den Kindern auch die Neugierde und das Interesse an der Bibel geweckt werden. Vielleicht möchten sie wissen, wie und wo die Geschichten aufgeschrieben sind und sich daran erfreuen.

Kinder lernen lustbetont und spielerisch. Sie üben sich in Bewegung und Sprache ebenso, wie im natürlichen Sprechen über biblische Inhalte. Christliche Erziehung soll etwas Alltägliches, Selbstverständliches sein wie Schreiben und Lesen, und nicht nur an bestimmte Orte oder Stunden gebunden sein.

Die Bewegungsspiele zur Bibel können auf vielfältige Weise ihren Einsatz finden:
- im Kindergarten als Gemeinschaftsangebot,
- von Eltern und Erzieherinnen, um Wartezeiten zu überbrücken,
- als Einführung oder Ausklang zu einer biblischen Unterweisung im Unterricht oder in einer Kinderpredigt.

Wenn wir mit den Kindern die Bibel in Bewegung umsetzen wollen, dann dürfen wir nicht vergessen, daß es vor allem die eigene Begeisterung ist, die die Kinder ansteckt.

Die Bilder sind in unserem Kindergarten in München entstanden. Die schönen Fotos, die die einzelnen Spiele illustrieren, hat Norbert Seiler gemacht.

An dieser Stelle möchte ich meinen Mitarbeiterinnen, insbesondere Michaela Mächtlinger, und den Kindern danken, die alle Spiele mit Freude praktisch erprobt und mich und meine Arbeit positiv verstärkt haben.

*Ich wünsche Ihnen und Ihren Kindern viel Freude mit dem vorliegenden Buch.*

*Sr. Theresia-Benedicta Uhl*

# Noah und seine Arche

Ich der Noah –
hab' ein Schiff gebaut.
Kommt, kommt ihr Leute,
kommt und schaut.

*Auf sich zeigen.*
*Schiff zeigen.*
*Mit beiden Händen heranwinken.*
*Heranwinken, beide Hände an die Augen heben.*

Erst steigt der Elefant hinein,
dann muß die Giraffe hinterdrein.

*Mit den Füßen langsam und schwer steigen.*
*Mit den Füßen etwas schneller und leichter steigen.*

Dann hoppelt ein Hase heran,
das Eichhörnchen läuft hintendran.

*Mit beiden Füßen hoppeln.*
*Kleine, schnelle Schritte.*

Mamma Gans ist ein lieber Schatz,
sie sucht für die Kleinen den besten Platz.

*Langsamer Watschelgang, mit dem ganzen Körper imitieren.*

Es darf auch nicht fehlen der Floh,
er hüpft von einem zum andern – und zwar so!

*Beide Hände zu Fäusten geballt mit eingezogenen Daumen.*
*Bei »so«, abwechselnd mit den Daumen schnalzen.*

Ein Brummbär, so dick und klein
steigt dem Zebra auf das Bein.

*Tiefe Stimme und mit den Händen zeigen.*

Oh, was muß das für ein Leben sein!
In der Arche, da ist's wirklich fein.

*In die Hände klatschen.*

*Wie die Sache mit der Arche genau war, findest du in der Genesis Kapitel 6–9 ff. aufgeschrieben.*

# David und Goliath

| | |
|---|---|
| Ich bin der Riese Goliath,<br>hab Kräfte, die sonst niemand hat. | *Ellbogen mit Faust auf den Tisch stützen.*<br>*Arm hin und her bewegen.* |
| Ich bin der David, klein und schmal,<br>warte auf Goliath hier im Tal. | *Ellbogen der linken Hand auf den Tisch stützen*<br>*und kleinen Finger zeigen.* |
| Goliath kämpft für die Philister,<br>denn ein junger Heide ist er. | *Auf den rechten Arm sehen und ihn bewegen.* |
| David kämpft mutig für die Israeliten,<br>den Sieg, den hat nur Gott zu bieten. | *Auf den linken kleinen Finger sehen und ihn bewegen.* |
| Der Philister lästert Gott,<br>David denkt: Gleich bist du tot. | *Auf den rechten Arm sehen.*<br>*Auf den linken Arm sehen.* |
| Er nimmt eine Schleuder und fünf kleine,<br>weiße, runde Kieselsteine. | *Schleudern und zielen mit beiden Armen darstellen.* |
| David zielt gut und läßt sie fliegen,<br>den Riesen sieht man am Boden liegen. | *Rechten Arm auf den Tisch fallen lassen.* |
| Dann packt er Goliath am Schopf<br>und haut ihm auf den Kopf. | *Linke Hand faßt die rechte an der Faust*<br>*und schlägt dann mit der Handkante auf das Gelenk.* |

*Die spannende Geschichte von dem kleinen David und dem Riesen Goliath findest du in 1 Samuel, Kapitel 17.*

# Der Prophet Jona

| | |
|---|---|
| Jona war ein Prophet des Herrn,<br>wollt' einmal Gott nicht dienen gern. | *Rechte Hand nach vorne strecken.*<br>*Beide Hände nach oben strecken.* |
| Zum Hafen lief er deshalb schnell,<br>die Sonne, die schien heiß und grell. | *Mit den Füßen laufen.*<br>*Sonne mit beiden Händen zeigen.* |
| Als er dann war mitten auf dem Meer,<br>da brauste ein starker Sturm daher. | *Kräftig blasen.* |
| Es klatschten an das Schiff die Wogen,<br>daß sich die alten Masten bogen. | *In die Hände klatschen.*<br>*Den Oberkörper biegen.* |
| Vom Himmel zuckten viele Blitze,<br>das Wasser drang durch jede Ritze. | *Mit beiden Händen Zick-zack-Bewegungen.*<br>*Beide Hände und Finger hin und her bewegen.* |
| »Hilfe«, schrien alle sehr,<br>»Wo ist denn Gott, wo ist denn er?« | *Hände an den Mund halten.*<br>*Nach oben zeigen.* |
| Jona sprang hinab ins Meer,<br>da kam ein großer Fisch daher. | *Mit beiden Händen zeigen.* |
| Der hat ihn dann verschlungen auch,<br>und Jona saß in seinem Bauch. | *Beide Hände zusammenlegen und auf- und zuklappen.* |
| Jona hat dann viel gebetet,<br>Gott hat ihn aus dem Wal gerettet. | *Hände zum Gebet falten.* |
| Der große Fisch, der schwamm an Land<br>und spuckte Jona in den Sand. | *Mit beiden Händen waagrecht gefaltet, wogende Bewegungen machen.*<br>*Dann beide Hände aufklappen.* |

*Die Geschichte von Jonas Flucht vor Gott, seine Errettung und die Lehre, die Gott ihm erteilt hat, kannst du nachlesen im Buch Jona.*

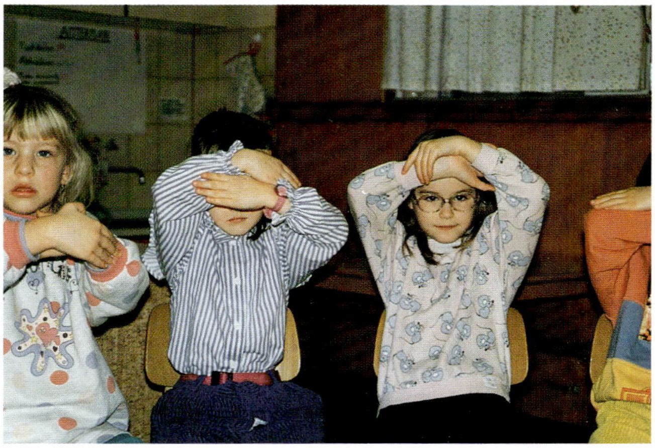

# Der kleine Samuel

Der kleine Samuel im Tempel schlief, — *Hand über den Boden halten.*
als der Herr ihn bei seinem Namen rief. — *Hände falten und unter die Wange legen.*

»Samuel, Samuel«, rief Gott mitten in der Nacht, — *»Samuel, Samuel« – leise sprechen.*
da ist der kleine Samuel vom Schlaf erwacht. — *Sich recken und strecken.*

»Dein Diener hört, so rede, Herr. — *Hand an die Ohren legen.*
Ich will gehorchen immer mehr.«

*Samuel hat so viel erlebt, daß sogar zwei Bücher davon in der Bibel geschrieben wurden.*

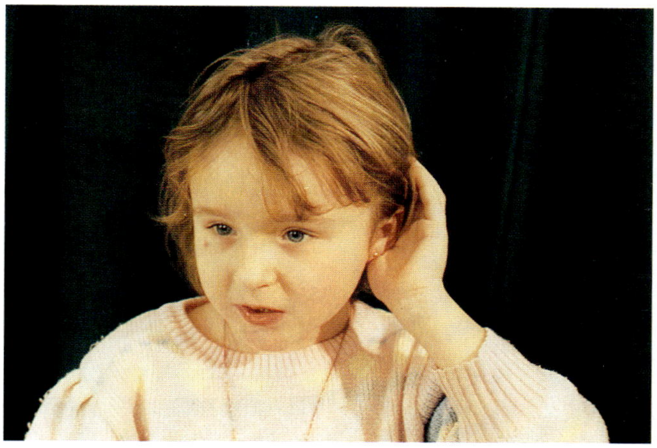

# Der Turmbau zu Babel

Nimrod hieß der erste Held
in der großen, weiten Welt.

*Ein Erzähler spricht die ersten acht Zeilen allein.*

Eine Riesenstadt hat er gebaut
und sich dann noch mehr getraut.

Ohne Gott wollten die Menschen leben
und sich bis in den Himmel erheben.

Einen ganz hohen Turm wollten sie bauen,
die Menschen von damals, die Superschlauen.

Sie legten Stein auf Stein,
Stein auf Stein,
Stein auf Stein
sie schrieen und flüsterten,
sie lachten und kicherten:
»Bald werden wir im Himmel sein.«

*Alle Kinder sagen gemeinsam: »Stein auf Stein«*
*Hände waagrecht vor der Brust übereinander halten und die untere Hand auf die obere usw.*
*»Schreien« – laut sprechen, »flüstern« – flüstern,*
*»lachen und kichern«: Die Kinder machen ha, ha, ha, und zeigen nach oben.*

Da sprach Gott vom Himmel hernieder:
»Meine Lieben, das macht ihr mir nie wieder!
Ich werde eure Sprache verwirren,
ihr sollt alle auf der Erde herumirren!«

*Erzähler: »Da sprach Gott vom Himmel hernieder«*
*Ein Kind: »Meine Lieben, ...«*

Die Stadt, von der ich spreche, die hieß Babel.
Dort gab Gott den Menschen eins auf den
Schnabel.

*Erzähler: »Die Stadt, von der ich spreche ...«*

Die Menschen wußten nicht mehr ein noch aus.
Ja, so geht Überheblichkeit oft aus.

*Stell dir vor, seit dieser Zeit lernen Menschen Fremdsprachen (Gen. 11, Vers 1–9).*

GET
MORE
FUN
down
is
WINTER GAMES

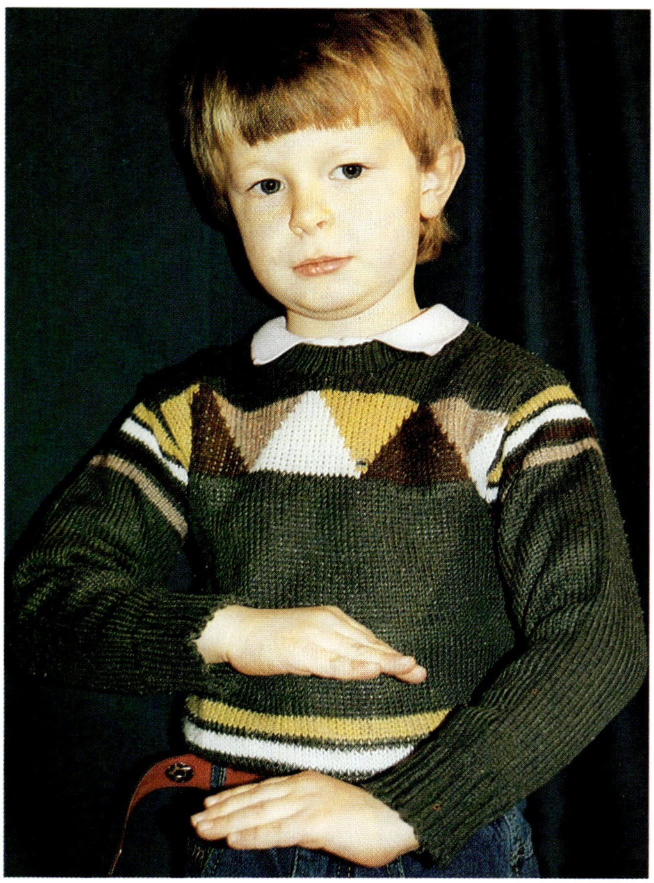

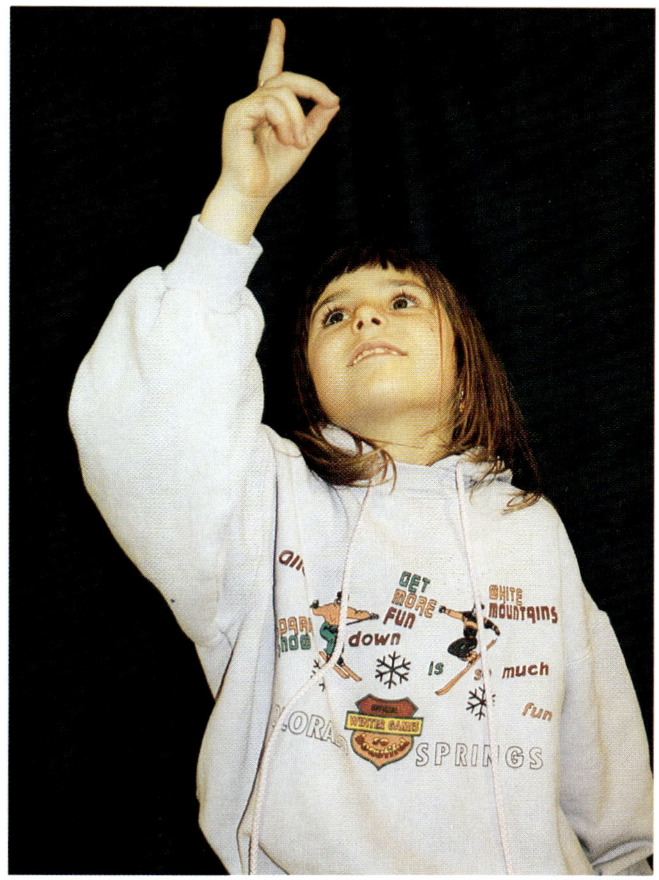
GET
MORE
FUN
WHITE
MOUNTAINS
down
is
much
fun
WINTER GAMES

# Die Eroberung Jerichos

Josua und die Israeliten
zogen um die Stadt Jericho,
und das ging so:

*Die Kinder bilden einen Innen- und einen Außenkreis.*
*Der Innenkreis ist die Stadt Jericho.*
*Ein Kind wird durch Auszählen als Josua bestimmt und steht mit den anderen Kindern im Außenkreis.*

Erst dreimal rechtsherum,
dann dreimal linksherum
und dann noch einmal herum.

*Der Außenkreis (die Israeliten) zieht dreimal rechts-, dreimal links- und dann noch einmal um den Innenkreis herum.*

So sind sie gezogen siebenmal um die Stadt,
während Josua in sein Horn geblasen hat.

*Josua gibt ein Hornsignal (Pfeife).*

Da macht's auf einmal rums,
da ging's auf einmal plumps,
die Stadtmauer fiel um,
die Steine lagen überall herum.

*Bei »rums« fallen die Mädchen im Innenkreis um, bei »plumps« fallen die Buben um (ggf. kann auch jeder zweite umfallen o. ä.).*

*Oder:*
*Daumen zeigen (Josua).*
*Die ganze Hand zeigen (Israeliten).*
*Faust der linken Hand mit gestrecktem Daumen (Jericho).*

*Rechte Hand faßt den Daumen der linken und kreist mit ihm dreimal rechts-, dreimal links- und dann noch einmal herum.*

*Tut, tut, tut!*
*»Rums«, rechte Hand läßt die linke los und schlägt auf den Tisch.*
*»Plumps«, linke Hand schlägt auf den Tisch.*
*»Die Stadtmauer fiel um«, mit beiden Handflächen auf den Tisch schlagen.*
*»Die Steine lagen überall herum«, Hände auf dem Tisch lassen und nur die Finger bewegen.*

*Die Eroberung Jerichos findest du bei Josua im 6. Kapitel aufgeschrieben.*

## Daniel in der Löwengrube

In Daniel war ein außergewöhnlicher Geist,
König Darius ihm seine ganze Gunst erweist.

*Beide Hände geöffnet, mit den Handflächen nach oben ausstrecken.*

Die Beamten und Satrapen voller Neid
wollten Daniel antun großes Leid.

Beim König haben sie ihn verklagt,
haben viele böse Sachen über ihn gesagt.

*Mit dem Zeigefinger drohen.*

Die Ankläger waren überaus gerissen,
haben Daniel in die Löwengrube geschmissen.

*Werfende Bewegung mit beiden Händen.*

Doch die Löwen schüttelten nur die Mähnen,
fingen an zu denken, fingen an zu gähnen:

*Den Kopf schütteln und gähnen.*

»Die 120 Beamten und Satrapen
wären für uns viel bessere Happen.«

*Mit der Zunge die Lippen lecken.*

»Daniel, Daniel, bist du tot?«
Rief König Darius beim Morgenrot.

*Hand hinter das Ohr legen und lauschen.*

»Ich habe die ganze Nacht durch gebetet,
Gott hat mich vor dem Löwenmaul gerettet.«

*Die Hände falten zum Gebet.*
*Die Handflächen nach oben von sich strecken.*

König Darius hat die Übeltäter erkannt,
diese haben ihre Schuld dann auch ehrlich
bekannt.

Man führte sie zur Löwengrube hinaus,
die Löwen fraßen sie zum Mittagsschmaus.

*Mit der Zunge wieder die Lippen lecken und schmatzen.*

Das ergab für sie 120 fette Happen.
Nämlich alle Beamten und Satrapen.

*Die Geschichte von Daniel in der Löwengrube ist sehr spannend. Du findest sie im Buch Daniel 6 ff.*

# Jesus und die Kinder

Jesus möchte alle Kinder segnen,
ihnen seine heilenden Hände auflegen.

*Rechten Arm hochstrecken.*
*Beide Hände waagrecht mit dem Handrücken nach oben ausstrecken.*

Jesus sagt: »Ich liebe euch sehr,
kommt nur alle, kommt alle her.«

*Nach oben zeigen, dann Hand aufs Herz legen.*
*Mit beiden Händen heranwinken.*

Als erster kommt der Peter an,
als zweite kommt die Susi dran.

*Daumen zeigen.*
*Zeigefinger zeigen.*

Und den frohen Hans mit Lachen,
sieht man große Sprünge machen.

*Mittelfinger zeigen*
*und auf und abbewegen.*

Sandra und Lilli sind noch recht klein,
sie tragen Kleidchen extra fein.

*Ringfinger und kleinen Finger zeigen.*

Betty hat im Haar ein Kränzchen
und macht vor Freude gleich ein Tänzchen.

*Daumen der linken Hand zeigen, mit der rechten Hand kreisförmige Bewegungen über dem Daumen machen.*
*Mit dem Daumen ein Tänzchen machen.*

Und Markus denkt: »Jetzt auf der Stell',
lauf ich zu Jesus hin, ganz schnell.«

*Zeigefinger zeigen*
*und schnell von links nach rechts bewegen.*

Ich glaub', daß da noch jemand fehlt.
Habt ihr alle genau gezählt?

Eins, zwei, drei, vier, fünf, sechs, sieben:
wo sind die andern drei geblieben?

*Mit dem Daumen der rechten Hand zu zählen beginnen.*

Lukas, Max und Evi kommen zuletzt,
alle Kinder sind gesegnet jetzt.

*Mittelfinger, Ringfinger, kleinen Finger zeigen.*

Und nun sind wir angelangt am Ende
und erheben alle unsere Hände.

*Beide Arme hochheben.*

Wir wollen Gott preisen und loben,
mit unseren Händen hoch erhoben.

Halleluja – Amen. Halleluja – Amen.

*Die Segnung der Kinder hat für dich aufgeschrieben: Matthäus 19,13–15; Markus 10,13–16; Lukas 18,15–17.*

# Bei Jesus sein

| | |
|---|---|
| Das ist Jesus,<br>und das sind viele Menschen. | *Daumen der linken Hand zeigen.*<br>*Alle Finger der rechten Hand bewegen.* |
| Sie alle wollen Jesus berühren,<br>seine heilende Nähe spüren. | *Die rechte Hand ergreift die linke Hand.* |
| Die Kranken wollen alle auf Jesus schauen,<br>weil sie seiner heilenden Kraft vertrauen. | *Mit dem Körper einen Kranken imitieren.* |
| Die Sünder, die ihre Schuld bereuen,<br>dürfen sich über Jesu Vergebung freuen. | *Beide Hände vor das Gesicht legen.* |
| Und alle, die den anderen vergeben,<br>erhalten von Jesus ein neues Leben. | *Mit der rechten Hand eine ausholende Bewegung machen.*<br>*Beide Arme mit der Handfläche nach oben vor sich ausstrecken.* |
| Auch die Kinder lieben alle den Herrn<br>und kommen deshalb von nah und fern. | *Mit den Fingern der beiden Hände Gehbewegungen machen.* |
| Halleluja! Das wissen groß und klein,<br>das größte Glück ist: Bei Jesus sein. | *Beide Arme nach oben strecken.*<br>*Groß zeigen, klein zeigen.*<br>*Beide Arme vor dem Körper verschränken.* |

*Viele Menschen haben sich zu Jesus gedrängt, weil sie seine heilende Kraft gespürt haben. Schlag die Bibel auf und lies nach bei: Matthäus 5,1; 9,35–38; 14,34–36.*

## Jesus ist an den Jordan gegangen

Jesus ist an den Jordan gegangen
und hat dort den Heiligen Geist empfangen.

*Rechte Hand erhoben zur linken waagrechten Hand heranführen. Hände nach oben und mit den Fingern »rieseln«.*

In der Wüste hat er gefastet und
gebetet,
daß Gott die Menschen alle errettet.

*Mit der linken Hand eine ausholende Bewegung machen,*
*Hände falten.*
*Beide Hände nach oben ausbreiten.*

*Lies nach: Matthäus 3,13–4,2.*

---

## Ich wünsche dir Frieden

Ich wünsche dir Frieden,
ich wünsche dir Segen
und mit Jesus
das ewige Leben.

*Die Kinder stehen im Kreis.*
*Sie reichen sich die Hände und sagen:*
*»Ich wünsche dir Frieden, ich wünsche dir Segen«.*
*Sie heben die gefaßten Hände hoch und sagen:*
*»und mit Jesus das ewige Leben.«*

*Hast du schon gewußt, daß Jesus für dich eine Wohnung bereitet hat? Jesus hat es gesagt, bevor er in den Himmel gegangen ist, und Johannes hat es für dich aufgeschrieben. Lies nach in Johannes 14,1–3.*

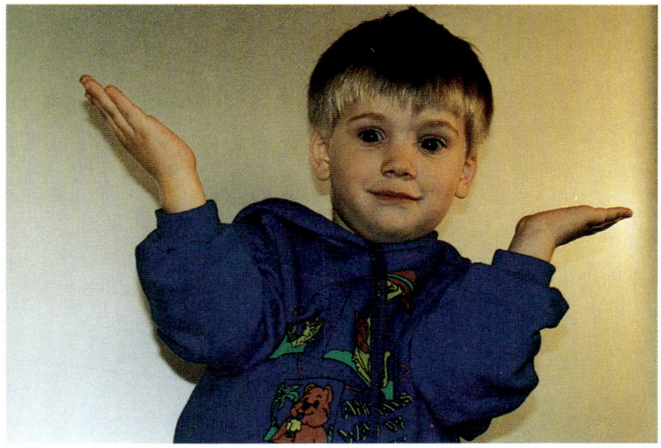

# Der Hirte

| | |
|---|---|
| Ein Hirte hat sich einen Stall gebaut, | *Hände zu einem Dach falten.* |
| und wenn man durch die Fenster schaut, | *Hände an die Augen legen.* |
| dann sieht man viele, viele Schafe: | *Mit der rechten Hand eine ausholende Bewegung machen.* |
| dicke und dünne, | *Hände auseinander halten. – Hände zusammenlegen.* |
| alte und junge, | *Hände waagrecht halten und zittern. – Hände ruhig halten.* |
| große und kleine, | *Hoch und nieder zeigen.* |
| hübsche und feine. | *Beide Hände ausbreiten.* |
| | |
| Der Hirte sie zur Weide bringt, | *Mit den Fingern gehen.* |
| die schönsten Lieder er für sie singt. | *Die Finger vor dem Mund schnell auf- und abbewegen (imaginäres Flötenspiel).* |
| | |
| Er paßt gut auf sie alle auf, | *Beide Hände ausbreiten.* |
| damit keines von ihnen sich verlauf': | |
| der Wolli und der Scholli, | *Die Schafe an den Fingern zeigen.* |
| die Kimi und der Jimmy, | |
| die Lilli und der Billi. | |
| | |
| Kommt ihr Schafe, kommt alle herbei, | *Mit den Händen eine einladende Bewegung machen.* |
| auf daß ein Hirt und eine Herde sei. | |

*Weißt du noch, wo du die Geschichte mit den Schafen findest?*
*Johannes erzählt im 10. Kapitel, Vers 1–39 davon.*

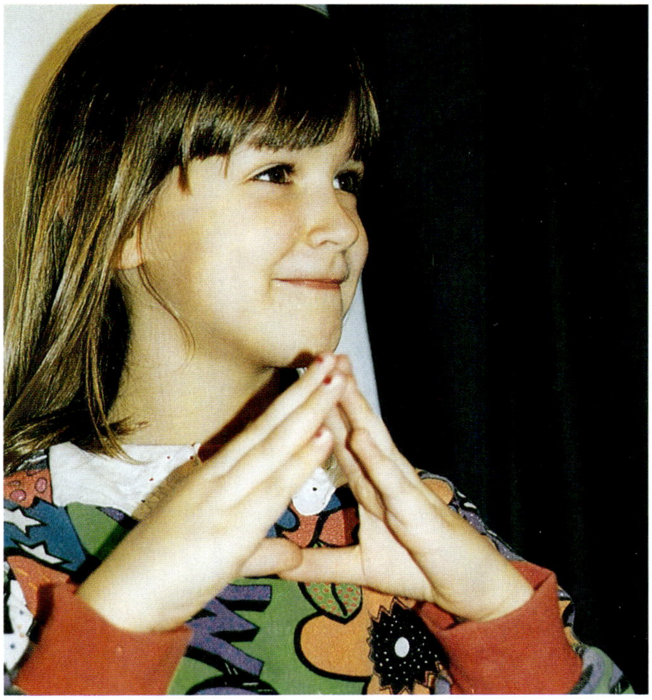

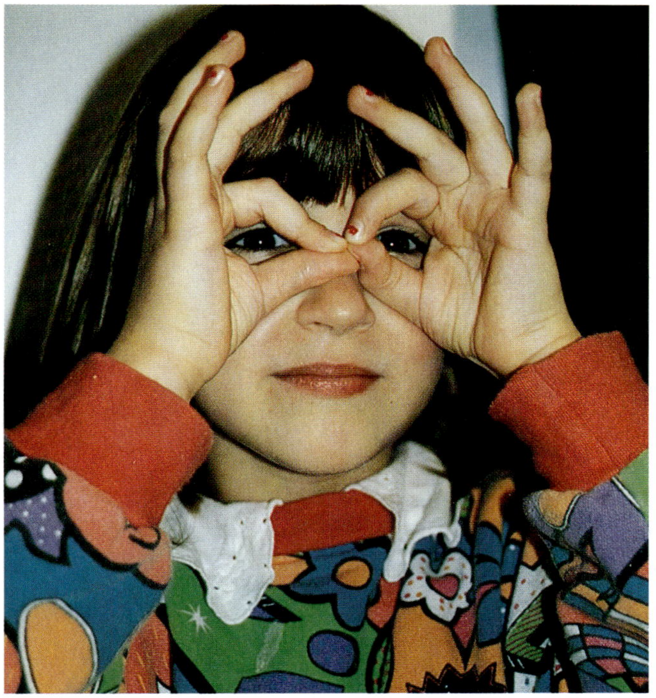

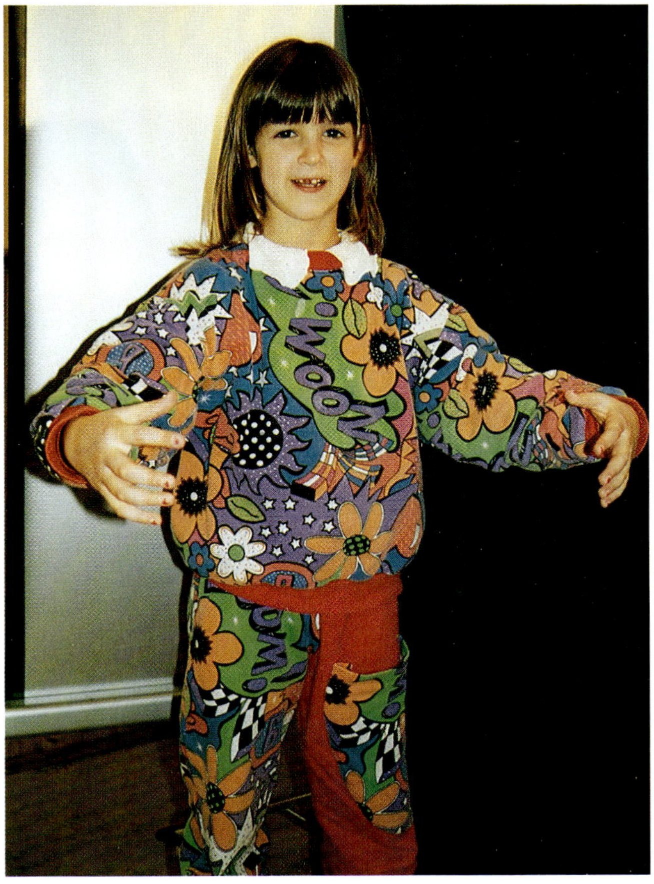

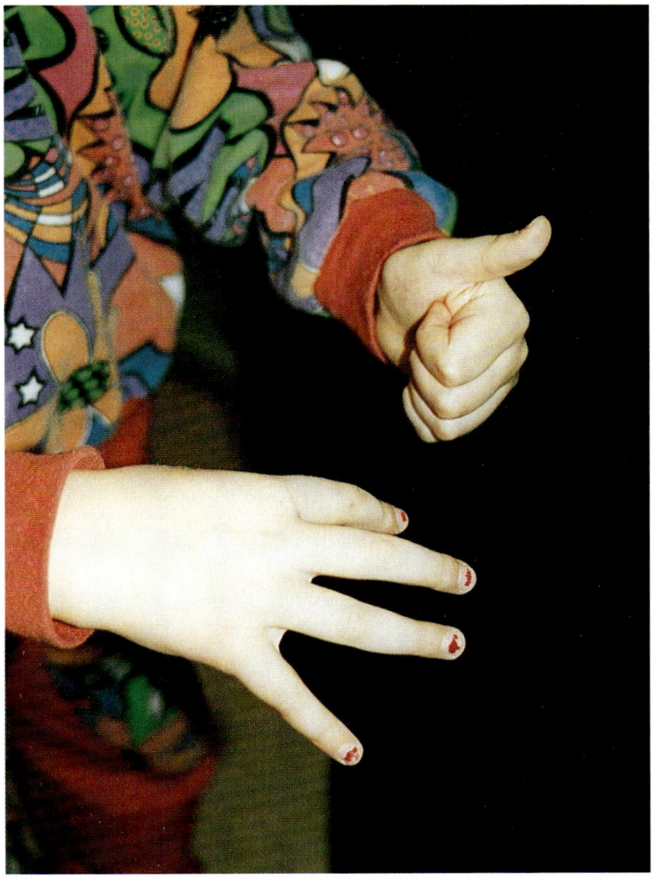

## Jesu Jünger

| | |
|---|---|
| Eins, zwei, drei<br>Jesu Jünger, kommt herbei. | *Mit den Fingern zählen.*<br>*Einladende Handbewegung machen.* |
| Laßt uns gehen von Ort zu Ort<br>und verkünden Gottes Wort. | *Mit den Füßen gehen.* |
| Mit allen Menschen wollen wir sprechen<br>und das Brot des Friedens mit ihnen brechen. | *Jeweils zwei wenden sich einander zu und*<br>*»brechen das Brot«.* |
| Wir wollen allen in Liebe begegnen<br>und sie in Jesu Christi Namen segnen. | *Beide Hände auf das Herz legen.*<br>*Kreuz auf die Stirne zeichnen.* |

*Vergiß nicht, Matthäus 28, Vers 18 zu lesen.*

---

## Der Heilige Geist

| | |
|---|---|
| Alle Jünger in Jesu Namen<br>im Obergemach zusammenkamen. | *Kinder fassen sich an der Hand.*<br>*Gefaßte Hände nach oben.* |
| Jeder betete auf seine Weise,<br>der eine laut, der andre leise. | |
| Da hörte man plötzlich starkes Brausen<br>und sah Feuerzungen vom Himmel sausen. | *Hände als Trichter an den Mund legen – brausen.*<br>*Hände in Wellenbewegung von oben und nach unten bewegen.* |
| Gottes Geist sich über alle ergoß,<br>sie von Kopf bis Fuß durchfloß. | *Mit beiden Händen rechts und links*<br>*am Körper entlanggleiten.* |

*Das solltest du unbedingt lesen: Apostelgeschichte, 2. Kapitel.*

# Die zwölf Apostel

*Die Namen der Apostel an den Fingern mitzählen.*

Zwölf Jünger hat der Herr sich erwählt,
hier werden sie alle aufgezählt.

Der erste, das ist Simon Petrus
mit seinem Bruder Andreas.

Jakobus und sein Bruder Johannes,
Philippus und Bartholomäus.

Thomas und Matthäus,
Jakobus und Thaddäus.
Gefolgt von Simon Kananäus.

Einer geht dir noch ab beim Zählen,
Judas Iskariot darf nicht fehlen.

So, das war des Herren Wahl.
Zwölf Jünger sind es an der Zahl.

Von allen wissen wir gute Taten,
doch einer (Judas) hat den Herrn verraten.

*Jesus hat die Zwölf ausgewählt und sie dann in die Mission geschickt. Ich habe für dich nachgeschaut, wo dies steht. Schlag Matthäus, 10. Kapitel, auf.*

# Von den zwei Häusern

| | |
|---|---|
| Wer auf Gottes Wort vertraut,<br>der hat sein Haus auf Fels gebaut. | *Mit dem Zeigefinger nach oben zeigen.*<br>*Mit beiden Händen ein Hausdach bilden.* |
| Wer Gottes Wort jedoch nicht traut,<br>der hat sein Haus auf Sand gebaut. | *Mit dem Zeigefinger ein Fragezeichen machen.*<br>*Mit beiden Händen ein Hausdach bilden.* |
| Die Stürme tobten,<br>die Wasser wogten. | *Mit dem Mund »schschsch«.*<br>*Mit beiden Händen wogen.* |
| Das Haus haben sie gerüttelt,<br>das Haus haben sie geschüttelt. | *Mit beiden Händen Fäuste machen,*<br>*rütteln, schütteln.* |
| Das Felshaus rührte sich nicht vom Fleck,<br>das Sandhaus aber, das war weg. | *Mit beiden Händen ein Hausdach bilden.*<br>*Dann beide Hände schnell hinter den Rücken.* |

*Das und noch einiges mehr findest du bei Matthäus 7,24–27 aufgeschrieben.*

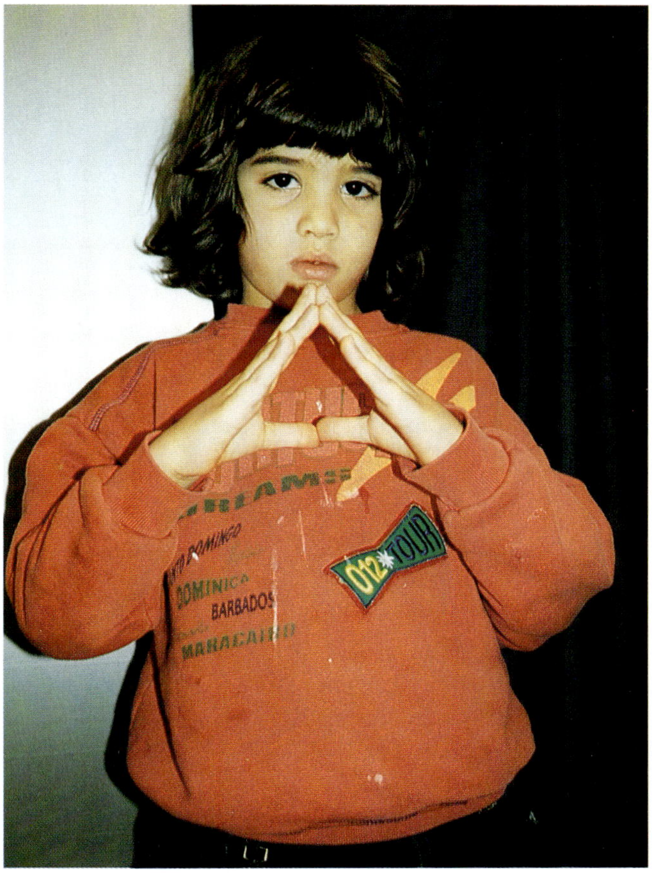
BARBADOS
012*TOUR

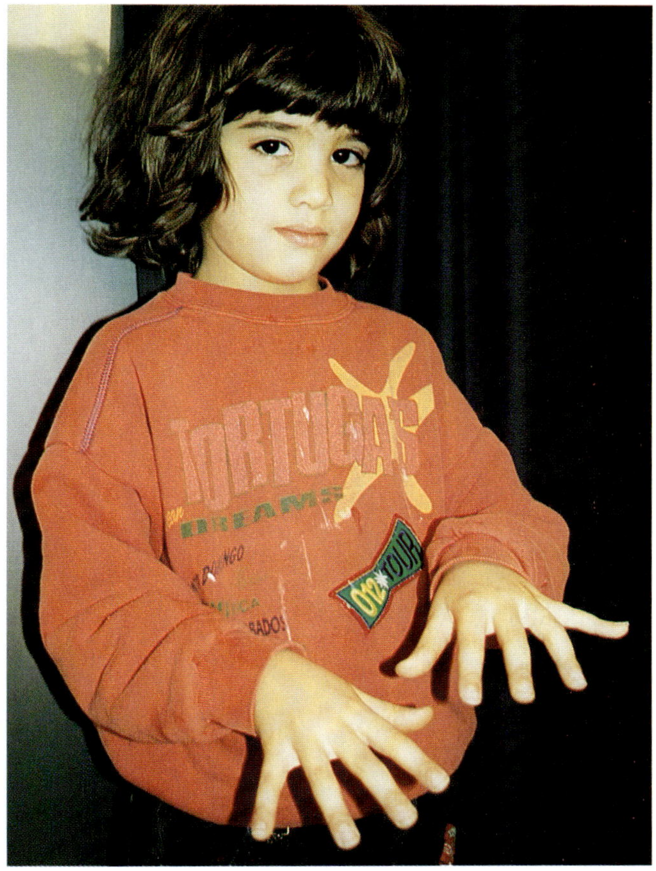
TORTUGAS
DREAMS
012*TOUR

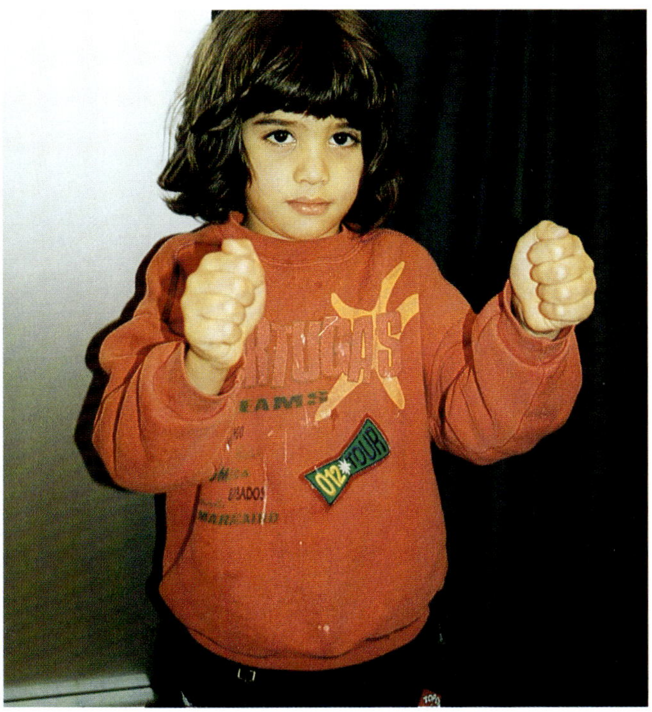
012*TOUR

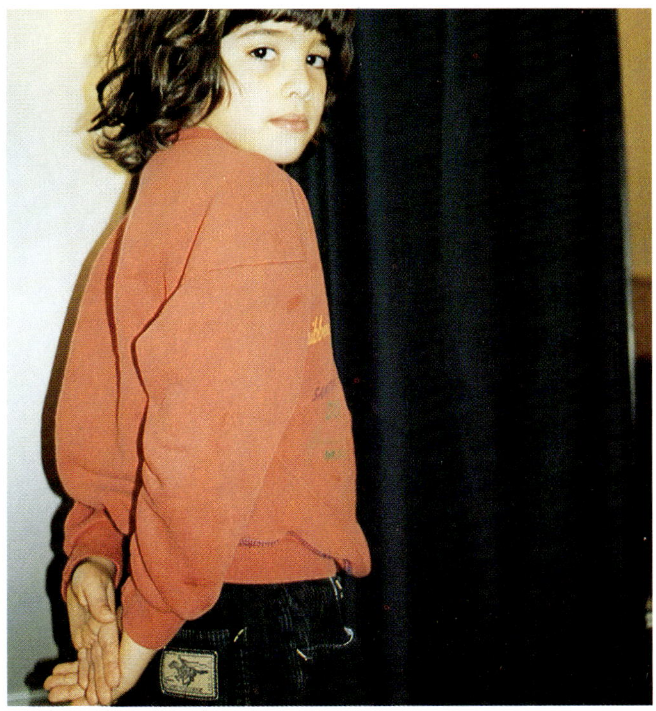

# Jesus stillt den Sturm

| | |
|---|---|
| Ein Schiff schaukelt auf dem See – hin und her. | *Die Arme übereinander legen und hin und her schaukeln.* |
| Da braust ein lauter, starker Sturm daher. | *Die Hände schalenförmig an den Mund legen und blasen.* |
| Die Wellen schlagen hoch und schwer | *Große wogende Bewegungen machen.* |
| und klatschen an das Boot gar sehr. | *In die Hände klatschen.* |
| Die Jünger fürchten sich und zagen, | *Die Kinder ziehen sich zusammen und pressen die Hände gegen den Körper.* |
| doch Jesus hört und sieht ihr Klagen. | *Mit den Händen auf die Ohren und die Augen zeigen.* |
| Da wird es ganz plötzlich still und lind, | *Den Zeigefinger an den Mund legen.* |
| denn Jesus ist Herr über Sturm und Wind. | *Mit beiden Händen nach oben zeigen und nach oben sehen.* |

*Wie das genau war mit dem Sturm auf dem See, hat Matthäus für dich aufgeschrieben. Sieh nach in Kapitel 8,23 und lies bis Vers 27.*

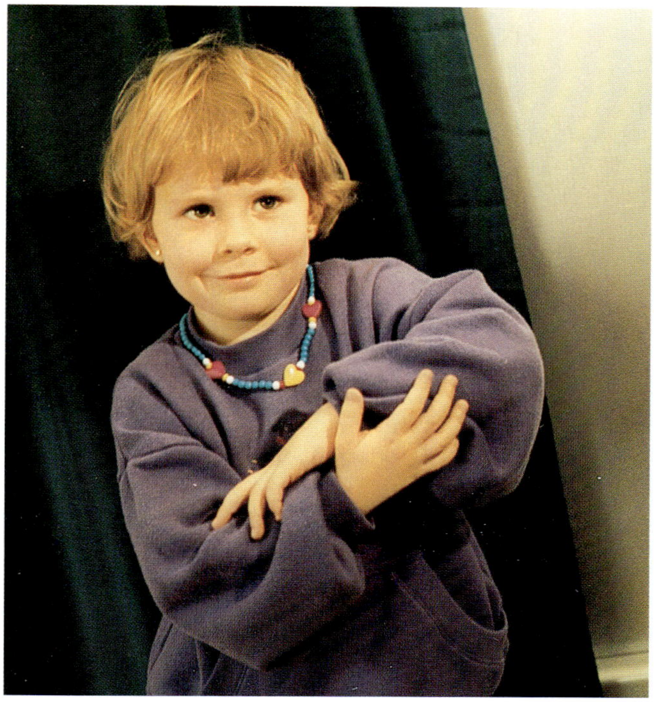
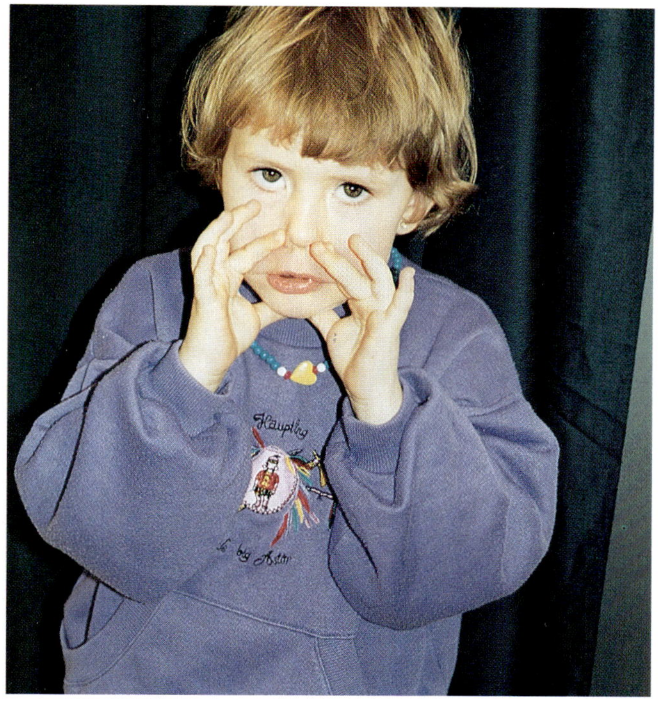
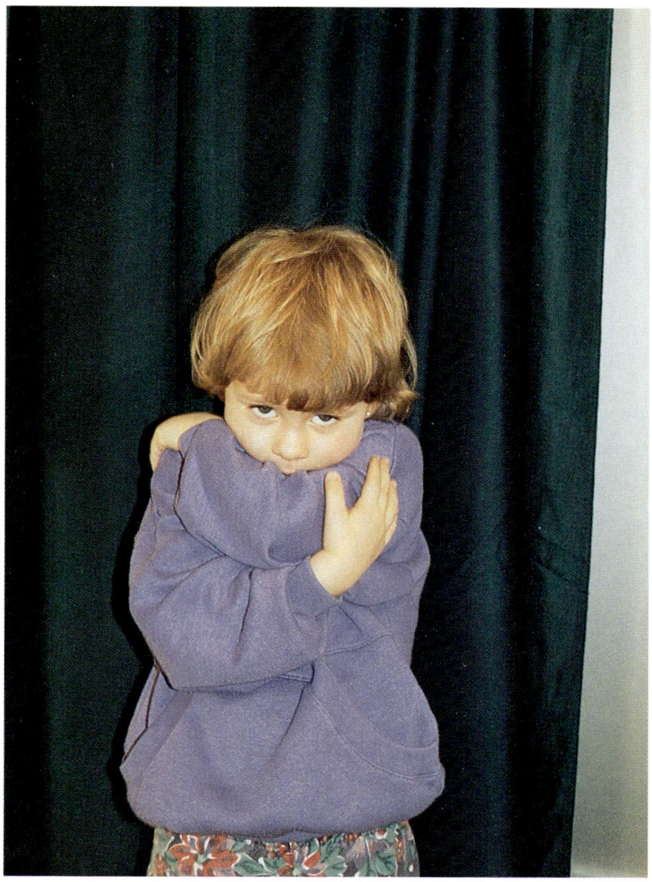
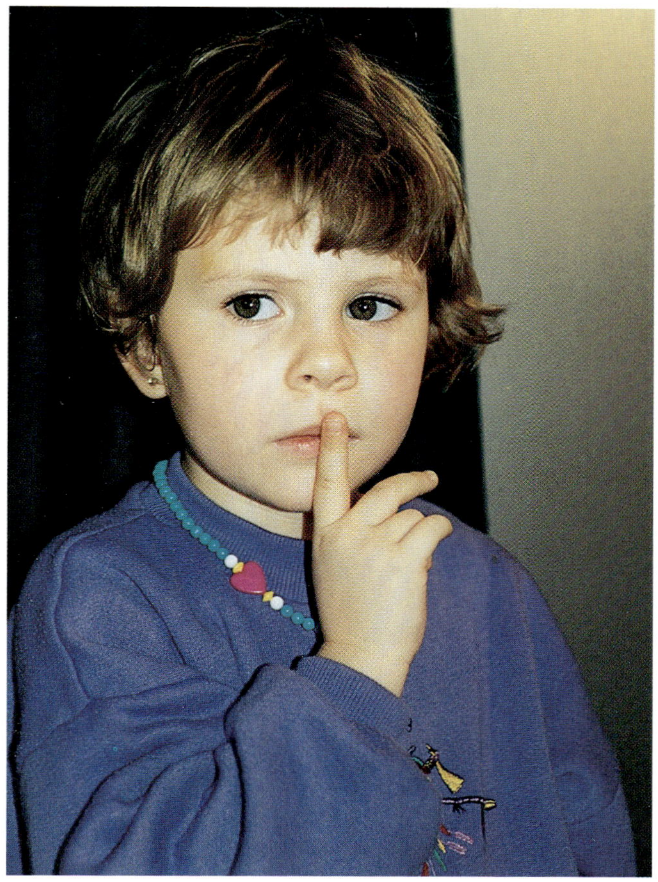

# Die Heilung eines Blinden

Als Jesus kam nach Jericho,
saß da ein Bettler, und zwar so.

*Kinder sitzen gekrümmt und halten sich die Augen zu.*

Er war blind und hieß Bartimäus,
sein Vater war der Herr Timäus.

»Jesus, Sohn Davids, hab Erbarmen mit mir!
Als blinder Bettler sitz' ich schon lange hier.

*Kinder richten sich auf und strecken die Hände bittend aus.*

Rabbuni, ich möchte wieder sehen,
und nicht mehr länger als Bettler gehen.«

*Kopf und Blick nach oben richten.*
*Kopf und Blick nach unten richten.*

»Dein Glaube hat geholfen dir,
so steh nun auf und folge mir.«

*Ein Kind zeigt auf das andere,*
*und macht eine einladende Bewegung.*

*Die Geschichte vom blinden Bartimäus findest du bei Markus im 10. Kapitel, Vers 46–52.*

## Gott loben

| | |
|---|---|
| Laßt uns Gott, den Herren loben,<br>mit den Händen hoch erhoben. | *Mit einer Hand nach oben zeigen.*<br>*Beide Hände hoch erheben.* |
| Laßt uns ihm Klatschopfer bringen<br>und ein schönes Liedchen singen. | *Nach dem letzten Vers klatschen.*<br>*Ein Lied singen.* |

*Wir sollen Gott immer loben. Lies im Brief an die Hebräer 13, Vers 15.*

---

## Der Regenbogen

| | |
|---|---|
| Gott hat den bunten Regenbogen<br>in den weiten Himmel gezogen. | *Mit beiden Armen einen Bogen machen.* |
| Er wird auch uns einmal erheben,<br>damit wir ewig bei ihm leben. | *Arme von unten nach oben heben.* |
| Dort feiern wir ein Hochzeitsmahl<br>mit Engeln im Himmel, ohne Zahl. | *Letzte Verse klatschen.* |

*Du kannst in der Bibel lesen: »Jemand sagte zu mir: Schreib auf: Selig, wer zum Hochzeitsmahl des Lammes eingeladen ist. Dann sagte er zu mir: Das sind zuverlässige Worte, es sind Worte Gottes.«*
*Offenbarung 19, Vers 9.*

# Fünf Brote und zwei Fische

Jesus war sehr müde, er wollte einmal Ruhe haben.
Darum ist er mit seinen Jüngern über den See
gefahren.

*Unterarme verschränken und Kopf darauf legen.*
*Zeigen.*

Sie ruderten und ruderten
bis sie ans andere Ufer kamen.
Doch welch ein Staunen!
Da warteten schon
viele Kinder, Männer und Frauen.

*Einige Ruderbewegungen machen.*
*Zeigen.*
*Die linke Hand über die Augen legen, nach links schauen, dasselbe rechts.*
*»Kinder, Männer und Frauen«: Größe zeigen.*

Da waren Kranke, Taube, Blinde, Lahme,
sie alle hatten ihre Schmerzen,
und das ging Jesus sehr zu Herzen.

*Sich zusammenziehen. Hände auf die Ohren, dann auf die Augen, dann auf die Füße legen.*
*Schmerzerfülltes Gesicht zeigen.*
*Hand auf die Brust legen.*

Er legte ihnen auf seine Hände
und betete: »Vater, deine Heilung sende.«

*Beide Hände auf den Kopf legen.*
*Beide Hände vor dem Körper zum Gebet falten.*

Die Sonne begann schon unterzugeh'n,
die Jünger sagten: »Alle sollen nach Hause zieh'n.«

*Beide Hände zeigen langsam nach unten.*
*Nach rechts und links zeigen.*

Doch Jesus sprach: »Laßt sie doch da«,
weil er ihren Hunger sah.

*Vor sich auf den Boden deuten.*
*Geöffnete Handflächen nach oben.*

Fünf Brote und zwei Fische lagen im Sand.
Jesus segnete sie
und brach sie mit heiliger Hand.

*Fünf Finger mit der rechten und zwei mit der linken zeigen.*
*Segnende Geste und Bewegung des Brotbrechens.*

Fünftausend Menschen in Ruhe verweilten,
während die Jünger Brot und Fische teilten.

*In der Runde herumzeigen.*
*Beide Handflächen geöffnet nach beiden Seiten strecken.*

Als sie alle reichlich gegessen
und sie sammelten in Körben alle Reste,

*Beide Arme bilden vor dem Körper einen »Korb«.*

wurden zwölf davon noch ganz voll.
Lieber Jesus, das war toll!

*Klatschen und beide Arme nach oben werfen.*

*Schlag die Bibel auf und lies Matthäus 14, Vers 13–21.*

# Der reiche Fischfang

Petrus fischte und fischte die ganze Nacht,
die Fische aber haben ihn ausgelacht.

*Kinder sitzen im Kreis.*
*Petrus geht herum und berührt einzelne Kinder (Fische).*

Nicht einer ist ihm ins Netz gegangen,
in dieser Nacht ließ sich keiner fangen.

*Die Kinder, die berührt werden, tauschen schnell die Plätze.*

»Fahr nochmals aus!«
Als Jesus so zu ihm sprach,
stöhnte Petrus: »Herr, ach,
die ganze Nacht hab' ich schon gefischt
und nicht einen einzigen Fisch erwischt.

*Ein Kind, das Jesus darstellt, spricht: »Fahr nochmals ...«*

*Petrus stöhnt: »Herr, ach ...« (spricht die nächsten vier Zeilen).*

Doch auf dich will ich hören, Herr,
vielleicht ist es jetzt nicht mehr ganz so schwer.«

Mit seinen Freunden schnappt er sich ein Boot,
fährt hinaus beim ersten Morgenrot.

*Petrus sucht sich Freunde und bildet mit ihnen einen Innenkreis.*

Er wirft die großen Netze aus
und denkt: »Ob da was wird daraus?
Ob zu guter Letzt,
uns doch was geht ins Netz?«

*Sie fischen: Jeder berührt ein Kind im Außenkreis, das dann nach innen kommt.*

Und sie fischen und fischen,
und die Netze werden schwerer,
und schwerer und schwerer.

Und sie winken den Fischern im anderen Boot:
»Kommt her, kommt her,
die Netze sind so schwer.«

*Die Fischer winken in die Runde.*

Und alle helfen zusammen und ziehen die Netze ein.
Hau ruck, hau ruck, hau ruck, hau ruck!
Wie sind die Fische doch so schwer!

*Alle zusammen (Fischer und Fische) ziehen mit einholenden Bewegungen die Netze ein und rufen gemeinsam: »Hau ruck ...«*

So sind ihnen viele Fische ins Netz gegangen,
sie wurden alle im Gehorsam gefangen.

*Alle bilden einen großen Kreis, nehmen sich an der Hand und heben die Hände nach oben in den Kreis.*

*Wenn etwas nicht gleich klappt, dann versuch es einfach nochmal! Denk an den reichen Fischfang (Lk 5, Vers 4–11).*

# Die Heilung einer kranken Frau

Sie hat ihr ganzes Geld gegeben,
frei von Krankheit wollte sie leben.

*Jesus geht mit seinen Freunden im Raum frei herum.*
*Die kranke Frau geht gebückt und schüchtern zu verschiedenen Kindern im Kreis*
*und streckt ihre Hände bittend aus.*
*Die Kinder schütteln den Kopf oder schauen weg.*

Sie war krank schon zwölf Jahre lang,
keinem Arzt sie zu heilen gelang.
Die Krankheit all ihr Geld verschlang.

»Wenn ich Jesu Kleid kann berühren,
seine heilende Liebe spüren,

*Da sieht sie Jesus mit seinen Freunden.*

dann werde ich gesund sein
und mich wieder fühlen fein.«

So versucht sie durch die Menschenmengen,
sich immer näher an Jesus zu drängen.

*Sie nähert sich ihm und versucht, Jesus anzurühren.*

Schon berührt sie Jesus am Kleidersaum,
hat ihn selber angerührt noch kaum,

*Als es ihr gelingt, richtet sie sich ganz auf.*

da fühlt sie Jesu heilende Kraft
und, wer hätte das wirklich gedacht,
die Krankheit verlor über sie die Macht.

*Sie freut sich und tanzt im Kreis herum.*

*Alle anderen Kinder freuen sich mit ihr und klatschen.*

*Für die kranke Frau war Jesus die einzige Hoffnung. Ihr Glaube hat sie geheilt. Lies nach bei Lukas 8, Vers 42–48.*

# Das Abreißen der Ähren am Sabbat

Jesus mit den Jüngern durch die Felder ging
an einem schönen Sabbattag.

*Kinder sitzen im Stuhlkreis.*

Ihnen allen knurrte der Magen,
da rupften sie Korn, ohne zu fragen.

*Ein Kind geht als Jesus herum und berührt einige Kinder, die dann hinter ihm hergehen und sich ihren »knurrenden« Magen reiben.*

Sie rupften rechts
und zupften links,
sie rupften und zupften,
und zupften und rupften.
Sie rieben die Ähren,
Jesus wollte es ihnen nicht verwehren.

*Die Jünger gehen zu verschiedenen Kindern im Kreis und zupfen an ihren Kleidern.*

Die Jünger aßen und schmatzten.
Sie schmatzten und aßen
die Ähren, die sie vom Feld auflasen.

*Sie reiben sich die Hände, imitieren »essen«*

Schnell steckten sie noch was in die Taschen,
davon wollten sie später noch naschen.

*und »in die Taschen stecken«.*

Die Pharisäer beobachten die Jünger voller Zorn,
und sie sagen: »Die pflücken am Sabbat Korn.
Am Sabbat ist das doch verboten.
Kommt, wir klopfen ihnen auf die Pfoten!«

Jesus zu den Pharisäern sagt:
»Wenn ihr euch traut, wenn ihr es wagt!
Über den Sabbat ist der Menschensohn Herr.
Richtet euch danach, ich bitte schon sehr.«

*Die Rupfgeschichte findest du bei Lk 6,1–5 und bei Mk 2,23–28.*

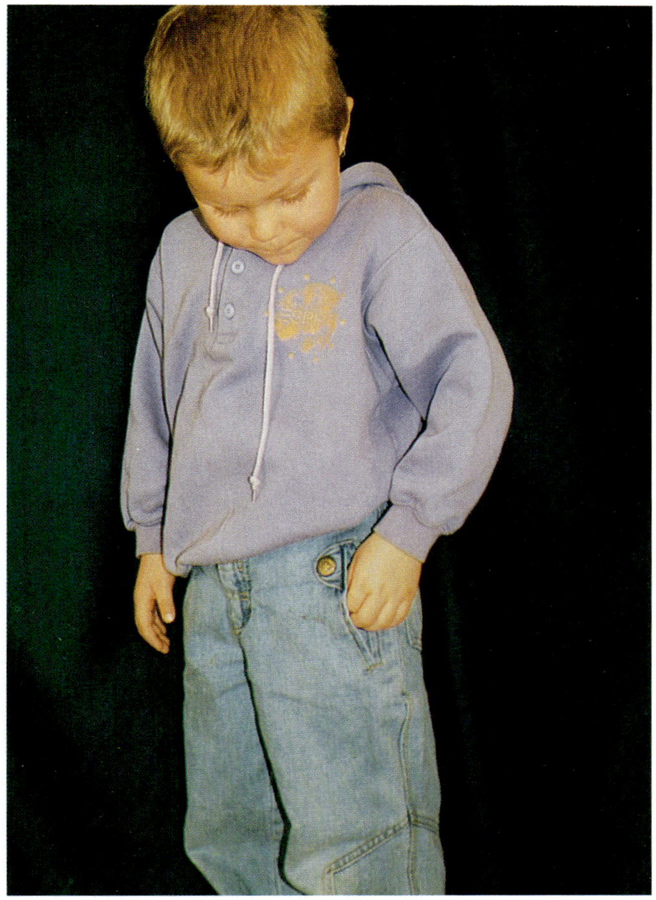

# Kommt zu mir

Ich war blind.
Ich war taub.
Ich war lahm.
Ich war stumm.
Ich war tot.

*Die Kinder bilden zwei gleich große Kreise – einen inneren und einen äußeren.*
*Die Kinder im inneren Kreis drehen sich so, daß sie den Kindern im äußeren Kreis ins Gesicht sehen. Dann hocken sie sich auf den Boden und machen sich ganz klein.*
*Mit den Händen bedecken sie ihr Gesicht.*
*Die Daumen berühren die Ohren.*
*Still und unbeweglich hocken sie so am Boden.*

Bis der Herr Jesus kam,
mich an seiner Hand nahm
und mich berührte,
daß ich die heilende Kraft verspürte.

*Die Kinder im äußeren Kreis ahmen den heilenden Jesus nach. Sie gehen langsam um die am Boden hockenden Kinder herum. Auf ein Zeichen bleiben die Kinder stehen und wenden sich dem jeweils vor ihnen hockenden Kind zu.*

Jetzt kann ich sehen.
Jetzt kann ich hören.
Jetzt kann ich gehen.
Jetzt kann ich reden.
Jetzt kann ich leben.

*Sie legen den »Kranken« die Hände auf, nehmen langsam deren Hände vom Gesicht und richten sie auf.*

Danken will ich Jesus mit meinem Leben
und zu ihm meine Hände erheben,
ich will ihm ein Halleluja singen,
bis zum Himmel soll es klingen.

*Der so Erlöste bedankt sich bei seinem Heiland.*

Halleluja, Amen, Halleluja, Amen.

*Dann werden die Rollen getauscht.*

*Welche Geschichten fallen dir dazu ein?*

*Diese Schriftstellen solltest du lesen:*
*Mt 8,16–17*
*Mk 1,32–34*
*Lk 4,40*

## Die Geistesgaben

Kinder wollt auch ihr sie haben,
all die schönen Geistesgaben?

*Mit einer Hand auf die Kinder zeigen,*
*mit beiden Händen von oben nach unten »rieseln«.*

Öffnet eure Herzen, öffnet eure Hände
und bittet, daß sie der Herr euch sende.

*Auf das Herz zeigen,*
*die Hände mit der Handfläche nach oben vor sich strecken.*

(Gaben austeilen)

*Die Kinder machen mit der Hand eine Schale, ein anderes Kind geht herum und legt seine gefalteten Hände in die Handschale der anderen Kinder und spricht einen Wunsch aus.*

Jesus schenke dir Segen, Frieden, Freude,
Kraft, Heilung, Weisheit . . .

Wir danken, Herr, für deine Gaben,
die wir von dir empfangen haben.

All die guten Gaben,
die wir in den Händen haben,
wollen wir nicht allein behalten,
sondern sie für Jesus verwalten.

*Jesus möchte uns allen den Heiligen Geist schenken. Über den Heiligen Geist gibt es viele Bibelstellen. Ich habe einige für dich ausgesucht:*
*Mt 7, Vers 7 und 8*
*Apg 2*
*Rö 8, Vers 14–17*
*2 Kor 3, Vers 17*

# Der Regenbogen

Rot, orange, gelb, grün, blau, violett:
selbst Gott fand diese Farben sehr nett,
und hat sie in einem riesigen Bogen
über den ganzen Himmel gezogen.
So kam zu uns der Regenbogen.

*Während alle die erste Zeile sprechen, deuten sie auf die entsprechenden Farben im Zimmer.*

*Mit beiden Händen eine halbkreisförmige Bewegung vor sich machen.*

Damit tat Gott den Menschen kund:
Dies soll für immer sein mein Bund.

*Beide Hände als Trichter an den Mund legen.*

Nie wieder will ich verderben,
was unter, über oder auf der Erden.

Nie wieder soll meine Liebe von euch weichen,
solang am Himmel erscheint dieses Zeichen.

*Alle fassen sich an der Hand.*

*Aus dem ersten Buch der Bibel (Gen 9,12 ff.) wissen wir, daß Gott den Regenbogen in den Himmel gestellt hat, als Zeichen für den Bund, den er mit den Menschen geschlossen hat.*

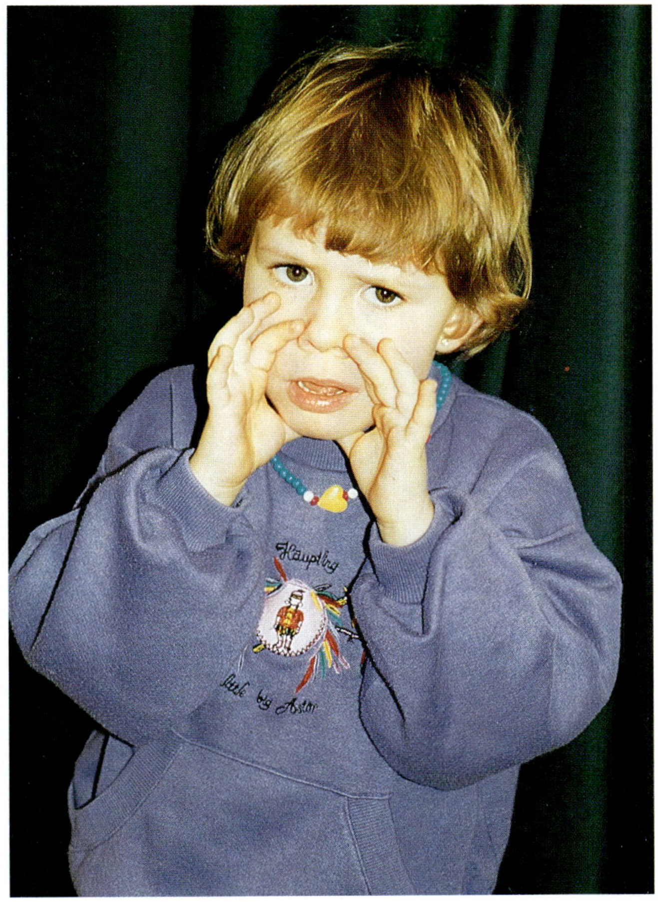
Häuptling

## Petrus geht auf dem See

Petrus hat Jesus gesehen,
wie er über den See konnt' gehen:
Ganz zart und leicht,
das Wasser ihm bis zum Knöchel reicht.

Petrus denkt: »Das kann ich auch«,
und schürzt das Kleid bis an den Bauch.

*»Petrus denkt«: Einen Finger an den Kopf führen,*
*»das kann ich auch«: Mit dem Zeigefinger auf sich zeigen,*
*»und schürzt«: Pulli hochschieben.*

Platsch, springt er mutig in den See,
schaut auf Jesus und geht auf dem See.

*»Platsch«: In die Hände klatschen,*
*»und geht auf dem See«: Die Finger der rechten Hand bewegen.*

»Was bin ich für ein toller Mann,
seht, was ich doch alles kann.«

*»Was bin ich...«: Auf sich zeigen,*

Kaum hat er das zu Ende gedacht,
auf sich geschaut und heimlich gelacht,
da macht es platsch und patsch
und patsch und platsch
und gluck, gluck, gluck.
Und fast wäre Petrus untergegangen,
hätte Jesus ihn nicht aufgefangen.

*»platsch«: rechte Hand klatscht auf die linke,*
*»patsch«: linke Hand klatscht auf die rechte.*

Petrus ist dann zum Boot geschwommen,
war von dem Seeausflug ganz benommen.

*Mit beiden Händen rudern.*

Doch eines hat er daraus gelernt:
Wenn man sich vom Herrn entfernt,
und sei es auch nur in Gedanken,
beginnt das Leben schon zu wanken.

*Die Geschichte vom Seeausflug des Petrus findest du bei Matthäus 14, Vers 22–33.*

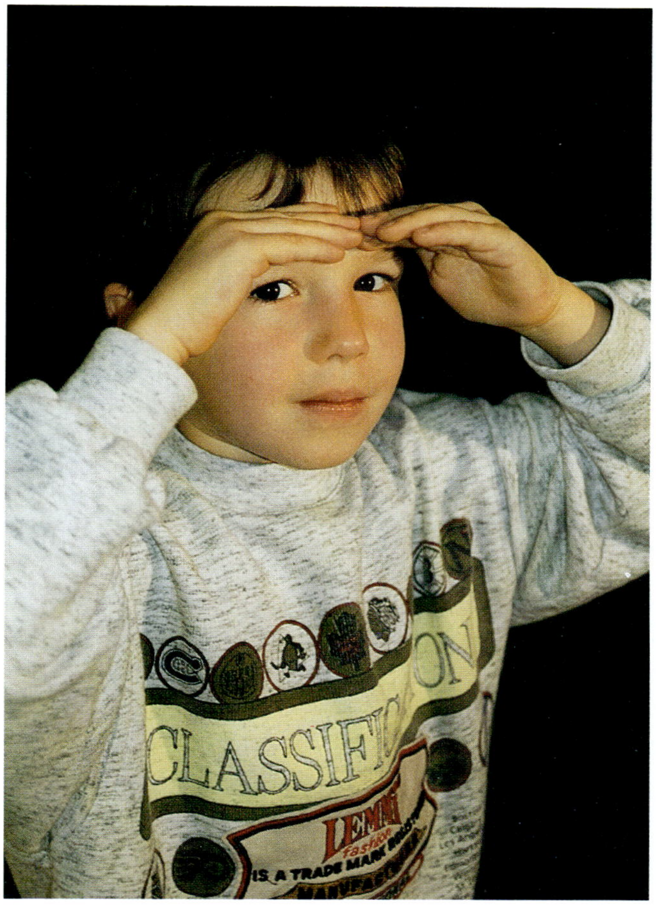

LEMMI
fashion

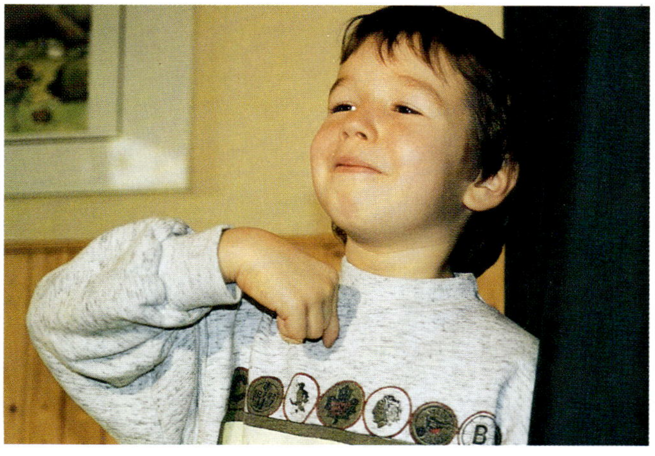

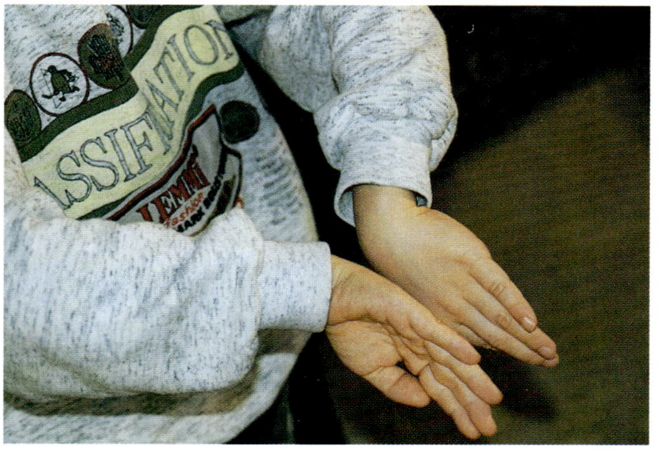

# Taufe Jesu

Jesus kam aus der Wüste,
ging entlang die Küste.

*Daumen der linken Hand zeigen.*
*Langsam von links nach rechts bewegen.*

Ist dann zum Jordan gelaufen,
ließ sich dort von Johannes taufen.

*Mit den Fingern der rechten Hand laufen,*
*dann stehenbleiben.*

Der Heilige Geist schwebte vom Himmel
hernieder
und ließ sich auf Jesus nieder.

*Die rechte Hand kreist über die linke Faust,*
*ergreift dann den Daumen.*

Während das Wasser noch über Jesus lief,
Gott, der Vater, vom Himmel herab rief

*»Wasser«, mit beiden Händen von oben nach unten rieselnde*
*Bewegung machen.*

in väterlich warmem Ton:
»Dies ist mein vielgeliebter Sohn.«

*Mit der rechten Hand nach oben deuten.*
*Mit dem Zeigefinger der rechten Hand nach vorne deuten.*

*Bei der Taufe im Jordan erfüllte Gott seinen Sohn mit dem Heiligen Geist.*
*Lies bei Matthäus 3, Vers 13–17.*

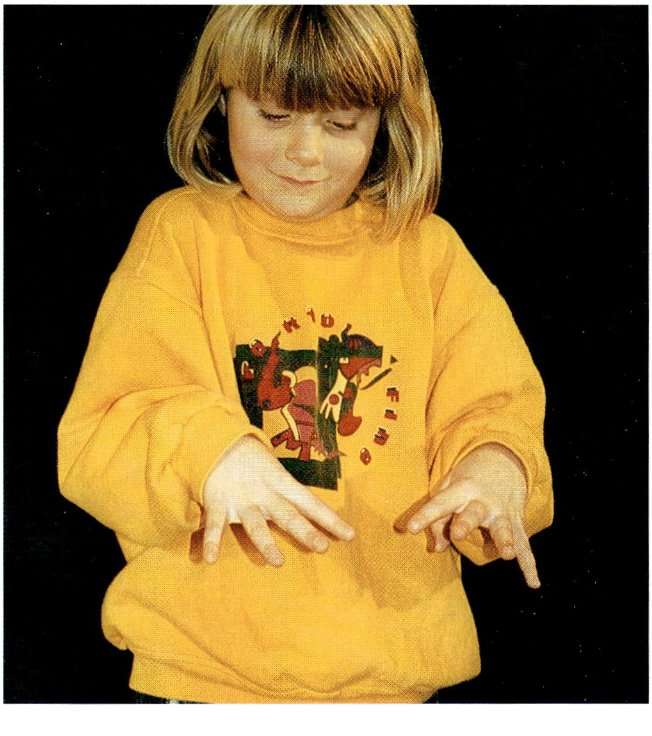

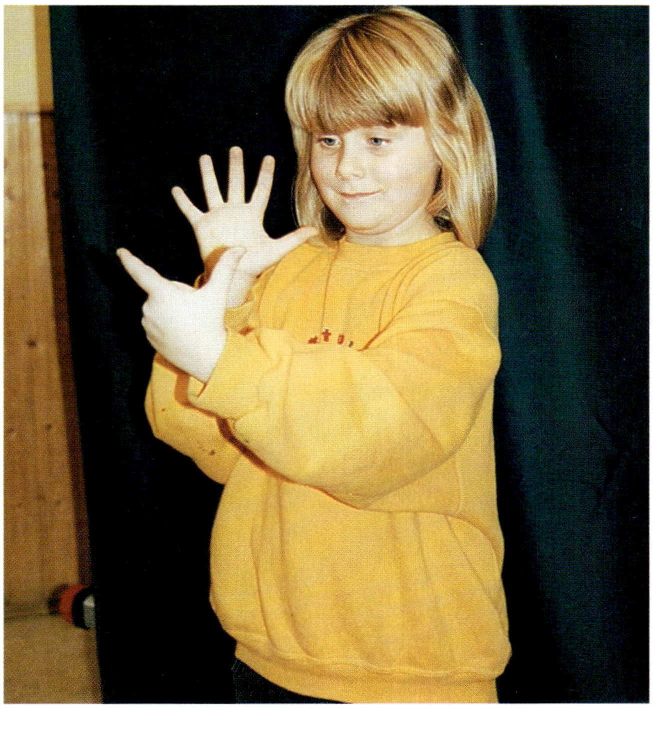

# Hochzeit von Kana

| | |
|---|---|
| Zur Hochzeit von Kana<br>kamen Jesus und seine Mutter Maria. | *Die Kinder bilden einen Kreis.* |
| Die Becher klingen,<br>die Menschen singen.<br>Alle sind sie froh und auch sehr heiter,<br>feiern die ganze Nacht durch weiter. | *Sie heben die rechte Hand und machen die Bewegung des »Anstoßens mit dem Becher«.* |
| Der Wein ist aus, die Krüge leer:<br>»Wir brauchen noch Wein, holt noch mehr.« | *Die Kinder drehen einen imaginären Krug um und schütteln ihn. Mit der rechten Hand heranwinken.* |
| »So eine Schande«,<br>flüstern die Leute am Rande.<br>Sie haben nicht genug Wein.<br>Was soll das für eine Hochzeit sein? | *Die rechte und linke Hand wird abwechselnd an den Mund gelegt und die Kinder beugen sich rechts und links zu ihrem Nachbarn.* |
| Maria hört sich das Gerede an,<br>denkt, daß Jesus ein Wunder tun kann. | |
| »Holt alle Krüge, und füllt sie mit Wasser<br>zum Rande,<br>daß Jesus es in guten Wein verwandle.« | *Mit beiden Händen heranwinken,<br>mit der linken Hand einen Krug formen,<br>mit der rechten Hand »füllen«.* |
| Jesus sprach: »Es werde<br>dieses Wasser der Erde<br>zu köstlichem Wein.<br>Das soll mein Hochzeitsgeschenk sein.« | *»Jesus sprach«: Beide Hände mit der Handfläche nach unten vor sich strecken.*<br><br>*Gebärde des Schenkens.* |

*Bei der Hochzeit von Kana hat Jesus sein erstes Wunder getan. Das, was ich dir erzählt habe, kannst du bei Johannes 2, Vers 1–11 nachlesen.*

# Drei weise Männer

Weise Männer aus fernen Landen
sich zu dritt zusammenfanden.

*Mit der rechten Hand drei Finger zeigen und zusammen bewegen.*

Am Himmel sahen sie einen besonderen Stern,
sie machten sich sofort auf und folgten ihm gern.

*Die linke Hand nach oben ausstrecken – Faust auf- und zumachen. Die drei Finger und die ausgestreckte Hand in die gleiche Richtung bewegen.*

Über Bethlehems Stall blieb er steh'n,
die Weisen zur Tür hineingeh'n.

*Die linke Hand stillhalten.*
*Die drei Finger der rechten Hand hin und her bewegen.*

Maria und Josef, ein Kindlein zart
liegt in einer Krippe so hart.

*Mit den Fingern bis drei zählen, die Arme vor dem Körper ineinanderlegen und hin und her wiegen.*
*»hart«: klatschen*

Die Weisen beugen die Knie und beten an,
Jesus, Gottes Sohn beschenken sie dann.

*Hinknien und Hände falten.*

Gold, Weihrauch und Myrrhe war ihr Geschenk,
die Menschheit bis heute daran denkt.

*Eine schenkende Geste machen.*

*Die weisen Männer empfanden eine große Freude, als sie Jesus gefunden hatten. Matthäus hat diese Geschichte ausführlich aufgeschrieben. Du solltest sie lesen: Matthäus 2.*

# Das Gleichnis vom Sämann

| | |
|---|---|
| Ein Sämann ging aufs Feld, um zu säen:<br>Körner sind auf den Weg gefallen – Vögel gekommen,<br>Korn gefressen. | *Alle Finger bewegen und dabei von oben nach unten auf den Tisch »rieseln« lassen.*<br>*Zeigefinger und Daumen aneinanderlegen und pickende Bewegung machen.* |
| Körner sind auf steinigen Boden gefallen – sofort aufgegangen, Sonne gekommen, Korn verdorrt. | *Alle Finger bewegen und dabei...*<br>*An der linken Hand alle Finger abspreizen und den Arm nach oben strecken. Die rechte Hand liegt erst gewölbt auf dem Tisch, dann ganz flach.* |
| Körner sind in die Dornen gefallen – Dornen gewachsen, Korn erstickt. | *Alle Finger bewegen und dabei...*<br>*Die rechte Hand liegt gewölbt auf dem Tisch. Der linke Ellbogen wird neben der rechten Hand aufgestützt, die Finger sind auseinandergespreizt.* |
| Körner sind auf guten Boden gefallen – Frucht gebracht, 30fach, 60fach, 100fach. | *Alle Finger bewegen und dabei...*<br>*Mit beiden Händen Fäuste machen und ruckartig öffnen und schließen.* |
| Der Mensch hört das Wort vom Reich – Er versteht nicht. Und der Böse kommt und nimmt die Saat aus dem Herzen.<br>(Weg) | *Linke Hand wird als Muschel hinters Ohr gelegt. Kopfschütteln. Mit der rechten Hand zum Herz greifen, Hand schließen und vom Körper wegführen.* |
| Der Mensch hört das Wort vom Reich – Er hat es freudig aufgenommen, doch ist er unbeständig und kommt bald zu Fall.<br>(Steiniger Boden) | *Linke Hand hinters Ohr legen.*<br>*Lachendes Gesicht. Weinendes Gesicht. Kopf senken und wegdrehen.* |
| Der Mensch hört das Wort vom Reich – Die Sorgen der Welt, um Reichtum und Geld ersticken das Wort.<br>(Dornen) | *Linke Hand hinters Ohr legen.*<br>*Stirn in Falten legen, Schulterzucken.* |
| Der Mensch hört das Wort vom Reich – Er hat das Wort gehört, er hat das Wort verstanden und hat Frucht gebracht: 30fach, 60fach, 100fach.<br>(Guter Boden) | *Linke Hand hinters Ohr legen.*<br>*Nicken. Mit beiden Händen Fäuste machen und ruckartig öffnen und schließen (dreimal).* |

*Mit diesem Gleichnis hat Jesus den Menschen etwas ganz Wichtiges sagen wollen. Finde heraus was es ist. Vorher solltest du aber noch in deiner Bibel bei Matthäus 13, Vers 1–9 nachlesen.*

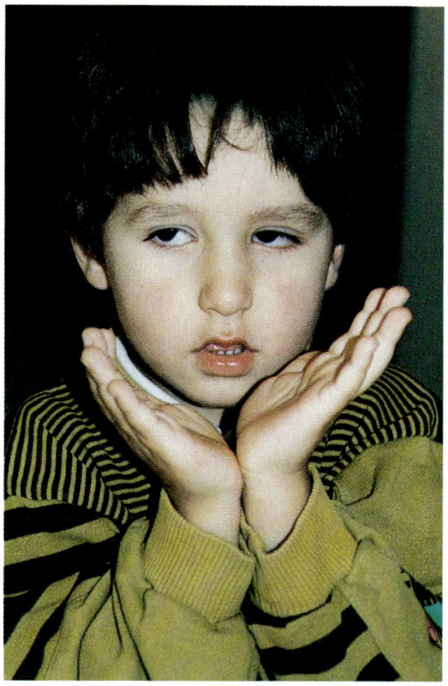

# Jesus und die Sünderin

| | |
|---|---|
| Seht sie euch an, diese Frommen,<br>wie sie alle zu Jesus kommen. | *Die Finger der rechten Hand bewegen.* |
| Eine Frau, die sie vor sich herzerren,<br>der zeigen sie's, sie sind die Herren. | *Rechte Hand faßt Daumen der linken Hand, und bewegt ihn auf und nieder.* |
| Sie stellen sie in die Mitte,<br>das war bei ihnen so Sitte. | *In die Mitte stellen.* |
| Mit den Fingern sie alle auf sie zeigen:<br>»Da schaut, was sie getan hat! Die sollt ihr meiden!« | *Mit dem Zeigefinger der rechten Hand auf den Daumen der linken zeigen,* |
| Erst wollten sie sie peinigen,<br>dann noch zu Tode steinigen. | *peinigen: Zeigefinger der rechten Hand drohend erheben,*<br>*steinigen: Mit der rechten Hand eine Faust machen und sie Richtung Daumen drohend erheben.* |
| Jesus bückte sich,<br>streckte aus die Hand<br>und schrieb ganz ruhig in den Sand. | *Kind bückt sich und schreibt mit dem Finger auf den Boden.*<br>*Kind richtet sich auf:* |
| Wer selber ohne Sünde kann sein,<br>der werfe auf sie den ersten Stein. | *Mit der Hand eine ausholende Bewegung machen,*<br>*wegwerfende Geste machen,* |
| Da sind die Ankläger zurückgewichen<br>und haben sich still davongeschlichen. | *die Finger beider Hände bewegen sich und verstecken sich hinter dem Rücken.* |

*Jesus möchte nicht, daß wir einander anklagen und verurteilen. Vor Gott sind wir alle Sünder. Als ich die Geschichte bei Johannes 8, Vers 3–11 gefunden habe, habe ich mich sehr gefreut.*

# Das letzte Abendmahl

Bei seinem letzten Abendmahle
saß Jesus mit den Jüngern im Saale.

*Mit der ausgestreckten Hand in die Runde deuten.*

Sie tranken Wein, sie brachen Brot,
das war kurz vor Jesu Tod.

*Mit der Hand ein imaginäres Glas fassen und an den Mund führen. Mit beiden Händen »Brot brechen«.*

Er wusch allen noch die Füße
und gab ihnen zum Abschied Küsse.

*Mit den Händen über die Füße streichen.*
*Einen Kuß in die Runde.*

Freunde, ich muß von euch nun scheiden,
werde bald den Tod für euch erleiden.

*Mit einer Hand winken.*

Nach drei Tagen werde ich auferstehen
und zum Vater in den Himmel gehen.

*Mit der rechten Hand drei Finger zeigen.*
*Den ausgestreckten linken Arm vom Körper weg nach oben heben.*

*Das letzte Abendmahl war für die Freunde Jesu ein trauriges Fest.*
*Schlag deine Bibel auf und lies, was Markus im 14. Kapitel, Vers 17–25, aufgeschrieben hat.*

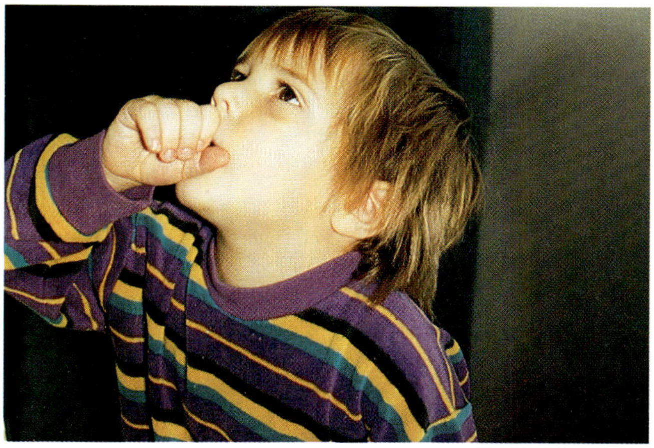
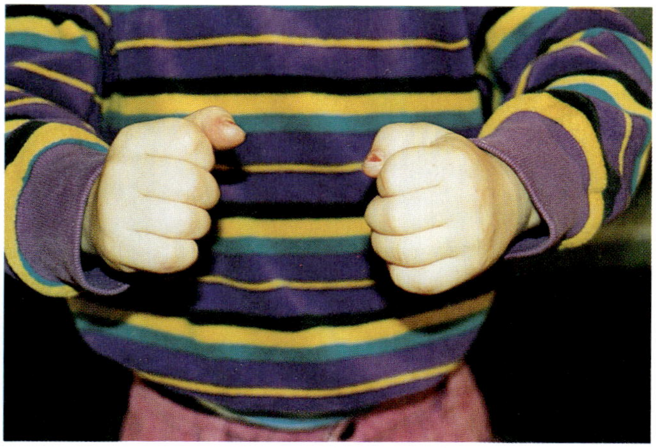
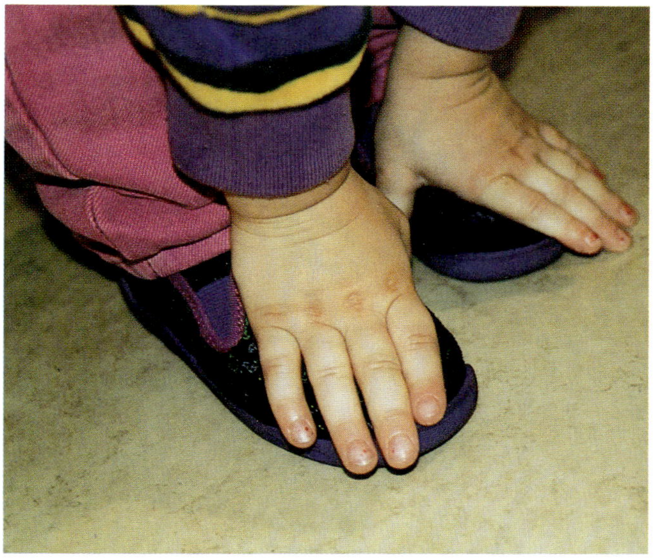
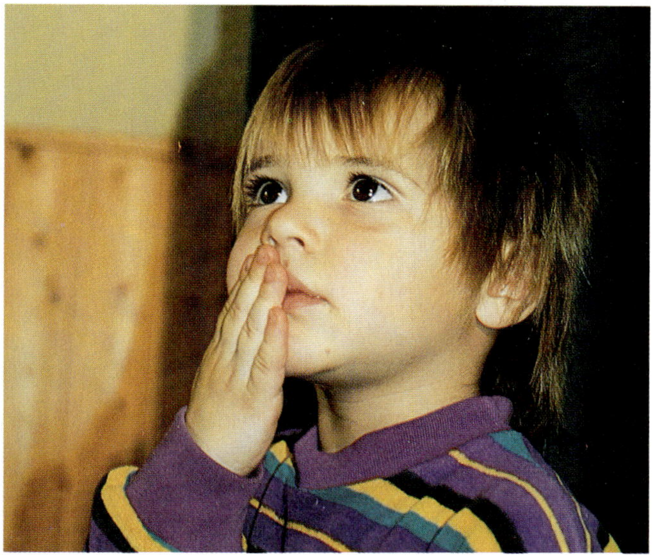
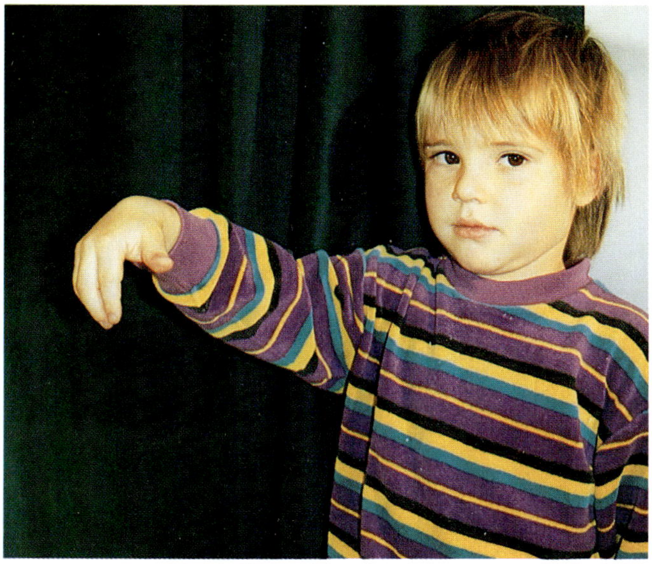

# Sonne, Mond und Sterne

Sonne, Mond und Sterne,
die hab' ich ja so gerne.

*Sonne: Mit beiden Händen einen Kreis machen.*
*Mond: Mit einer Hand einen Halbkreis zeigen.*
*Sterne: Beide Hände nach oben und alle Finger bewegen.*
*gerne: Mit der rechten Hand an die linke Schulter und gleichzeitig mit der linken Hand an die rechte Schulter fassen und mit dem Körper hin- und herwiegen.*

Gott hat sie gemacht,
aus Liebe für mich ausgedacht.

*Gott hat sie gemacht: rechten Arm nach oben heben.*
*aus Liebe: rechte Hand auf die Brust legen.*

Sonne, Mond und Sterne,
die hab' ich ja so gerne.

*Sonne, Mond und Sterne – wie oben*

Sie leuchten mir bei Tag und Nacht,
Gottes Liebe hat auch mich erdacht.

*Sie leuchten mir bei Tag und Nacht: Fingerspitzen weit über dem Kopf zusammenbringen.*

Gott umgibt mich von allen Seiten,
seine Hände er über mich breitet.

*Gott umgibt mich von allen Seiten: wie »gerne«.*
*seine Hände: Hände auf den Kopf legen.*

So kann ich meine Arbeit tun
und stets in seinem Segen ruh'n.

*Gott hat nicht nur Sonne, Mond und Sterne geschaffen, sondern viel, viel mehr. Die Schöpfungsgeschichte findest du in der Genesis im ersten Kapitel.*
*Gott hat auch den Menschen erschaffen und er ist immer bei ihm. David hat in Psalm 139, Vers 5 geschrieben, daß Gott den Menschen von allen Seiten umgibt.*

# Der Sturm auf dem See

Jesus ist in das Boot gestiegen
mit allen Jüngern, die bei ihm blieben.

Über den ruhigen See, da wollten sie fahren,
und dachten überhaupt nicht an Gefahren,

als plötzlich ein heftiger Sturm sich erhob,
eine dicke, schwarze Wolke über die Sonne schob.

Und dann ging es los:

Es gab ein Brausen,
es gab ein Sausen,
es gab ein Zischen,
es gab ein Gischten,
es gab ein Toben,
hoch schlugen die Wogen.

Die Jünger schrieen und plärrten
und Jesus, den sie sehr verehrten,
schlief seelenruhig hinten im Boot
und merkte nichts von ihrer Not.

»Herr, wach doch endlich auf,
oder willst du, daß ich ersauf?«

Jesus steht auf und geht dann vor,
und es drang an aller Jünger Ohr:

»Sturm, du sollst jetzt sofort schweigen,
Wasserwogen, ihr sollt euch neigen,

denn der Menschensohn ist der Herr
über den Sturm und auch über das Meer.«

*Einige Kinder stellen das Boot dar, indem sie einen Halbkreis bilden. Sie sitzen eng beieinander auf dem Boden.*
*Die Kinder, die Jesus und seine Jünger spielen, steigen nacheinander in das »Boot«.*
*Jesus legt sich hin. Das »Boot« beginnt sich zu bewegen. Erst langsam dann immer schneller. Hin und her und auf und ab. Dabei machen die Kinder die entsprechenden Geräusche: Die »Jünger« legen die Hände trichterförmig an den Mund und rufen um Hilfe.*

*»Jesus« liegt »schlafend« in der Mitte.*
*Die »Jünger« schütteln ihn und zeigen auf das schaukelnde Boot.*

*Er steht auf, geht zu einer Seite des Bootes und streckt seinen Arm gebietend in die Höhe, worauf sich alle Kinder, die das Boot spielen, sofort wieder ruhig setzen.*

*Die Jünger strecken dankbar die Hände nach ihm aus.*

*Oder:*
*Als plötzlich: Die Kinder heben alle die Arme hoch und schwenken sie hin und her.*

*Brausen; sch, sch,*
*Sausen: s, s, s,*
*Zischen/Gischten: beides,*
*Toben: Füße stampfen,*
*schlugen hoch die Wogen: mit dem ganzen Körper und erhobenen Armen sich hin und her bewegen.*

*Die Jünger: Hände trichterförmig an den Mund halten,*
*Jesus im Boot: sich umdrehen und suchend herumschauen.*
*Herr, wach: Hände bittend zusammenlegen,*
*Sturm, du sollst: Die rechte Hand ausstrecken und mit dem Zeigefinger deuten.*

*Die Jünger waren ganz nah bei Jesus. Das heißt nicht, daß sie nicht auch manchmal Angst hatten. Der Sturm auf dem See hat ihnen einen großen Schrecken eingejagt. Matthäus hat diese Geschichte aufgeschrieben. Lies, was er im 8. Kapitel Vers 23–26 schreibt.*

# Der barmherzige Samariter

Ein Mann ist auf der Straße gegangen,
da haben ihn die Räuber gefangen.

*Es spielen: ein Mann, zwei Räuber, vier Männer, ein Samariter.*
*Die Kinder sitzen im Kreis.*
*Ein Kind geht durch den Kreis zwischen den Kindern herum.*
*Zwei Kinder packen es, zerren es in die Mitte und drücken es zu Boden. Mit den Händen machen sie Fäuste und die Gebärde des Schlagens.*

Sie haben ihn ausgeplündert und geschlagen,
ließen ihn liegen, hörten nicht auf sein Klagen.

Zwei Männer sahen ihn liegen,
schauten hin und sind vorbeigestiegen.
Sodann ein Priester und auch ein Levit
ohne Mitleid ihn liegen sieht.

*Zuerst gehen zwei Kinder an dem am Boden Liegenden vorbei, schauen hin, gehen aber weiter. Dann gehen nacheinander zwei einzelne Kinder genauso vorbei.*

Ein Mann aus Samarien ist auf der Reise,
sieht den Mann liegen und hilft ihm auf seine
Weise.

*Der Samariter geht zu dem »Verletzten«, faßt unter seine Arme und zieht ihn an den Rand des Kreises. Er legt ihn hin und streichelt ihn.*

Er neigt sich ihm einfach zu,
hilft ihm ohne viel Getu'.

Legt den Arm um ihn,
zieht ihn zu sich hin.

Gießt Öl und Wein in seine Wunden,
bleibt bei ihm so manche Stunden

und gibt ihn dann zur Pflege
ohne viel Gerede,
zu einem Wirt,
der für ihn sorgt wie ein Hirt.

*Ein Kind, das daneben sitzt, beugt sich herunter und streichelt ebenfalls den »Verletzten«.*

Der Samariter hat barmherzig gehandelt,
seine Tat wird fürs ewige Leben gewandelt.

*Alle Kinder zeigen auf den »Samariter«.*

*Lies nach bei Lukas 10, Vers 30–36*

# Die fünf Schafe

| | |
|---|---|
| Ein Schaf, | *Daumen zeigen.* |
| zwei Schafe, | *Zeigefinger zeigen.* |
| drei Schafe, | *Mittelfinger zeigen.* |
| vier Schafe, | *Ringfinger zeigen.* |
| fünf Schafe | *Kleinen Finger zeigen.* |
| sind auf einer großen Wiese. | |
| Sie alle haben verschiedene Namen, | *Die linke Hand wird unter die rechte geschoben.* |
| die sie von ihrem Hirten bekamen. | *Alle fünf Finger bewegen.* |
| | |
| Fredy ist ein dicker Kleiner. | *Daumen zeigen* |
| Er kann lustig sein wie keiner. | *und auf und ab bewegen.* |
| | |
| Tommy ist ein dünner Langer, | *Zeigefinger zeigen* |
| über einen breiten Bach, da sprang er. | *und damit über die linke Hand springen.* |
| | |
| Lilli hat eine weiße Wolle | *Mittelfinger zeigen.* |
| und macht Luftsprünge – ganz tolle. | *Auf- und Abbewegung mit dem Arm.* |
| | |
| Betty ist ein zartes Schaf. | *Ringfinger zeigen* |
| Willi ihr über den Graben half. | *und dazu den kleinen Finger zeigen.* |
| | |
| Willi, der ist schwarz und klein | *Kleinen Finger allein zeigen.* |
| und mähen, das kann der ganz fein. | *Hin und her bewegen.* |
| | |
| Mäh, so stimmt der Willi an, | *Kleinen Finger zeigen, mit hoher Stimme mähen.* |
| mäh, machen Lilli und Betty dann. | *Ringfinger und Mittelfinger zeigen und Mähen mit etwas tieferer Stimme.* |
| | |
| Mäh, sagt gleich der Tommy auch, | *Zeigefinger zeigen. Mähen mit tiefer Stimme.* |
| mäh, schreit der Fredy aus vollem Bauch. | *Daumen zeigen. Mähen mit ganz tiefer Stimme.* |

*Willst du wissen wo Jesus etwas über Schafe erzählt? Dann schlag nach bei Johannes 10, Vers 1–39.*

# Stephanus

| | |
|---|---|
| Stephanus wollte die Hohen Priester lehren,<br>an Jesus zu glauben und umzukehren. | *Mit dem Zeigefinger eine belehrende Bewegung ausführen.* |
| Und als er schaute zum Himmel empor,<br>da trat Gottes Herrlichkeit hervor. | *Hände waagrecht an die Augenbrauen legen und nach oben blicken. Beide Hände nach oben strecken.* |
| Die Priester aber knirschten mit den Zähnen,<br>als Stephanus diese Botschaft erwähnte. | *Nase rümpfen, mit den Zähnen knirschen.* |
| Sie erhoben dann ein lautes Geschrei<br>und rissen ihre Kleider entzwei. | *Mit beiden Händen die Kleidung an der Brust fassen und dann wieder loslassen.* |
| Alle kochten sie vor Wut,<br>wollten vergießen eines Zeugen Blut. | *Fäuste ballen, erheben und schütteln.* |
| Mit Steinen haben sie Stephanus erschlagen,<br>die ersten Christen hatten ihn zu beklagen. | *Die rechte Hand wie eine Schale nach oben halten, hochstrecken und ein trauriges Gesicht machen* |
| Und Stephanus voll Glauben und Geist<br>sich als erster Märtyrer erweist. | *»Und Stephanus...«: Beide Hände vor der Brust falten.* |

*Stephanus ist aus Liebe zu Jesus gestorben. Er ist der erste sogenannte Märtyrer. Wie er für Jesus Zeugnis abgelegt hat, findest du in der Apostelgeschichte 7, Vers 54 und 55.*

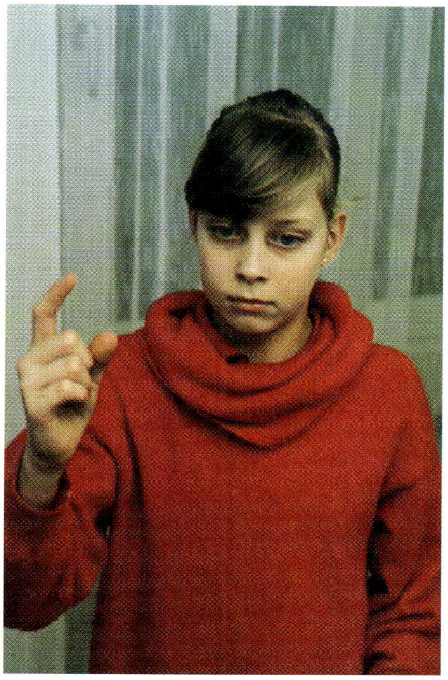

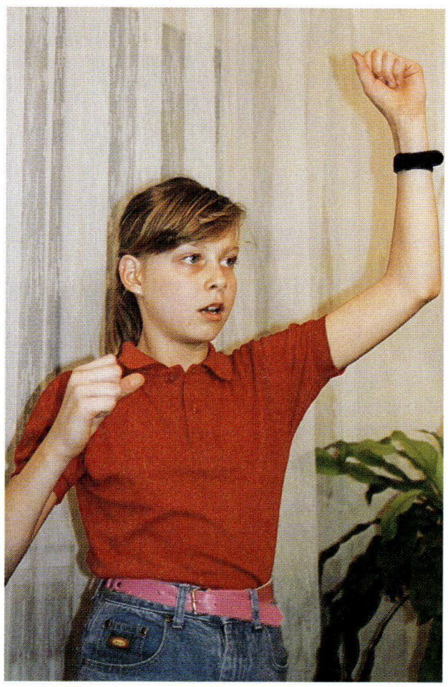
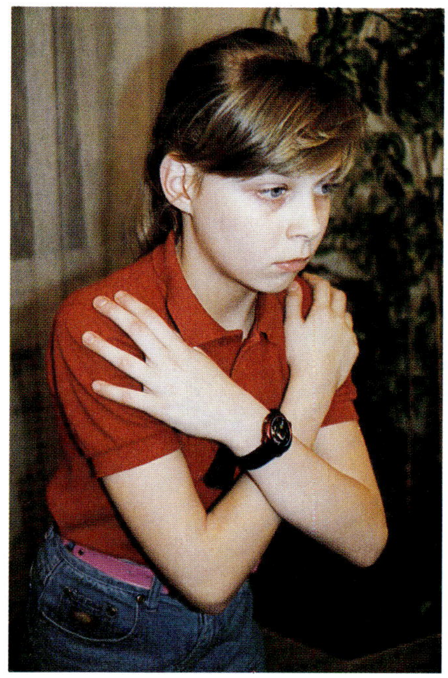

# Pfingsten

Was ist das für ein Rauschen?
Was ist das für ein Toben?
Es kommt vom Himmel.
Es kommt von oben.

*Rauschen: alle Kinder machen sch...*
*Toben: Mit den Füßen leicht auf dem Boden tippeln.*

*Nach oben zeigen.*

Dieses Sausen,
dieses Brausen
erfüllt die ganze Luft
mit einem herrlichen Duft.

*Sausen: Mädchen »ssss«*
*Brausen: Buben »sch...«*

Das ist des Geistes Wehen.
Die Jünger können sehen,
wie Feuerzungen vom Himmel schweben
und spüren der Erde leises Erbeben.

*Das ist des Geistes Wehen: Mit beiden Händen ein Dach auf dem Kopf falten.*

Alle strecken sich,
alle recken sich.

*Strecken: Beide Arme hoch in die Luft strecken.*
*Recken: Sich ganz groß machen.*

Die Zungen senken sich in Geist und Herz,
vergessen sind jetzt Angst und Schmerz.

*senken sich in Geist und Herz: »Dach« auflösen und Hände flach auf den Kopf legen, dann vor der Brust falten.*

Drum Brüder, reißt nun auf die Fenster,
drum Schwestern, öffnet alle Türen,
daß Gottes Geist auch euch kann führen!

*Reißt nun auf die Fenster: Beide Hände weit ausbreiten und an die Brust zurücklegen.*
*Öffnet alle Türen: Beide Hände weit ausbreiten.*
*Gottes Geist: Beide Hände nach oben strecken.*

*Die Erfüllung mit dem Heiligen Geist war für die Freunde Jesu ein großes Erlebnis. Bis zum heutigen Tag können Menschen das Wehen des Heiligen Geistes spüren. Die Apostel haben uns sehr viel über den Heiligen Geist aufgeschrieben. Auf jeden Fall solltest du das 2. Kapitel der Apostelgeschichte lesen, dann versuche noch mehr Textstellen über den Heiligen Geist zu finden.*

# Petrus auf dem Wasser

Die Geschichte hat so angefangen,
daß Jesus ist über das Wasser gegangen.

*Die Kinder sitzen am Boden im Kreis. Sie spielen mit ihren Händen und Armen die Wellen, indem sie wogende Bewegungen machen.*

Petrus, der hat Jesus geseh'n,
denkt: Übers Wasser kann auch ich gehn.
Und platsch, ist er in den See gesprungen.
Jedoch ist's ihm nicht ganz gelungen,
fast hätt' der Abgrund ihn verschlungen.

*Ein Kind, das Jesus darstellt, geht ruhig zwischen den Kindern umher. Das Kind, das Petrus darstellt, zeigt auf sich und hüpft selbstsicher zwischen die anderen Kinder.*

Das kommt davon, weil er auf sich geschaut,
in der Angst zu wenig auf Jesus vertraut.

*Petrus geht zwischen den Wellen durch bis in die Mitte des Kreises. Er kniet sich hin und streckt seine Hand hilfesuchend nach Jesus aus.*

Doch Jesus in seiner Liebe
wollt', daß Petrus am Leben bliebe.

Er packt ihn fest an der Hand,
zieht ihn weg über des Abgrunds Rand.

*Jesus packt die Hand von Petrus und zieht ihn in die Höhe.*

Petrus hat davon gelernt:
Wenn man sich vom Herrn entfernt,
dann schwebt man ständig in Gefahr.
Glaub mir, das ist wirklich wahr.

*Jesus umarmt Petrus und hakt seinen Arm bei ihm ein.*

*So untergehakt verlassen beide den Kreis.*

*Schlag Matthäus 14, Vers 22 auf und lies das ganze Kapitel.*

# Der Hauptmann von Kafarnaum

Das ist der Hauptmann
aus Kafarnaum.

*Daumen der rechten Hand oder Knotenpuppe.*

Und das ist Jesus.

*Daumen der linken Hand oder Knotenpuppe.*

Hauptmann:
Herr, meinem Knecht,
dem geht es sehr schlecht.

Er hat große Schmerzen,
das geht mir sehr zu Herzen.

Jesus:
Ich will zu ihm gehen
und jetzt gleich nach ihm sehen.

Gesund will ich ihn machen,
bald kann er wieder lachen.

Hauptmann:
Ach Herr, sprich doch nur ein Wort
ich weiß, die Krankheit geht dann fort.

Jesus:
Hauptmann, es soll geschehen,
geh heim, dein Knecht kann wieder gehen.

*Jesus war erstaunt über den Glauben, den der heidnische Hauptmann in ihn setzte. Die Geschichte wird dir gefallen. Nimm deine Bibel und lies bei Matthäus im 8. Kapitel die Verse 5–13*

## Überall bist Du

Herr, du bist meine Stärke,
segnest alle meine Werke.

*Hände hochheben,*
*Kreuzzeichen machen.*

Ob ich aufsteh' oder ruh,
überall, o Gott, bist du.

*Handbewegung von unten nach oben. Hände waagrecht halten. Mit beiden Händen entsprechende Geste machen.*

Für mich ist dieses Wissen
ein gutes Ruhekissen.

*Rechte Hand an die rechte Kopfseite legen.*
*Linke Hand auf die rechte legen.*

*In Psalm 139 können wir lesen, daß Gott uns immer umgibt und alles von uns weiß.*

---

## Die Dreifaltigkeit

Gott hat mich von Ewigkeit erwählt
und sogar meine Haare gezählt.

*Rechte Hand nach oben strecken.*
*In die Haare greifen.*

Jesus gab mir seinen Heiligen Geist,
der mich im Wort Gottes unterweist.

*Beide Hände nach oben strecken und mit den Fingern herunterrieseln.*

Heiliger Geist, du bist mein Leben,
alles will ich für dich geben.

*Hände auf das Herz legen.*
*Beide Arme ausbreiten.*

*Der Dreifaltige Gott hat sich bei der Taufe Jesu sichtbar und hörbar gezeigt. Dieses großartige Ereignis hat Matthäus im 3. Kapitel in den Versen 13–17 aufgeschrieben.*

# Die Bibel

Die Bibel –
das ist Gottes Wort.
Ich will es weitersagen
von Ort zu Ort.

*Mit beiden Händen ein Buch zeigen.*
*Mit der rechten Hand nach oben zeigen.*
*Mit den Fingern beider Hände vom Mund weg schnelle Bewegungen machen.*

Ich will Jesu Werke tun,
ohne rasten und auszuruhn.

*Auf sich zeigen. Nach oben zeigen.*
*Geste der Handauflegung.*

Denn alle Menschen auf Erden
sollen Gottes Kinder werden.

*Ausholende Bewegung mit beiden Händen.*
*Hände nach oben strecken.*

Und auf jedes Menschen Angesicht
soll scheinen Jesu Christi Licht.

*Hände rechts und links vor das Gesicht halten.*
*Mit beiden Händen einen großen Kreis nach oben ziehen.*

*Jesus hat uns den Auftrag gegeben, seine Werke fortzuführen. Lies, was Johannes am Ende seines Evangeliums in Kapitel 20 in den Versen 19–23 über die Sendung schreibt.*

## Im Zeichen des Kreuzes

Jesus in meinen Gedanken. *Kreuz auf die Stirn zeichnen.*
Jesus in meinen Worten. *Kreuz auf Kinn zeichnen.*
Jesus in meinen Werken. *Kreuz auf die Brust zeichnen.*

*Jesus möchte, daß unser Denken mit seinem Wort übereinstimmt. Lies im 2. Brief an die Korinther in Kapitel 10, den Vers 5b.*

---

## Wir glauben an Gott Vater

Wir glauben an Gott Vater.
Wir glauben an Gott Sohn.
Wir glauben an den Heiligen Geist,
der uns die Richtung weist.

---

## Herr, schenk uns deinen Geist

Herr, schenk uns deinen Geist.
Herr, schenk uns deinen Segen
auf allen unseren Wegen.

# Gott Vater hat den Sohn gesandt

Gott Vater hat den Sohn gesandt,
der hat sich den Menschen zugewandt.

Er hat sie belehrt,
er hat sie bekehrt,

ist bei ihnen verweilt
und hat sie geheilt.

Sie haben ihn ans Kreuz geschlagen.
Wer kann diese Schuld ertragen?

Jesus hat ihnen die Sünden vergeben
und schenkt den Reuigen ewiges Leben.

*Am Kreuz hat Jesus gebetet: »Vater, vergib ihnen, denn sie wissen nicht, was sie tun.« Diesen Satz habe ich im Lukasevangelium 23, Vers 34 gelesen.*

# Adam und Eva

Garten Eden hieß das schöne Paradies,
in dem Gott Adam und Eva entstehen ließ.

Tiere, Pflanzen und Früchte Gott ihnen schenkt,
das Alltagsleben im Paradies er lenkt.

Gott gibt den Menschen nur ein Gebot,
mit dem er Adam und Eva droht:

»Von allen Früchten dürft ihr essen,
aber eines sollt ihr nie vergessen:

Inmitten des Gartens, da steht ein Apfelbaum,
von ihm sollt ihr nicht essen, auch nicht im
Traum.«

Adam und Eva haben sich daran gehalten.
Sie wollten das Paradies gut verwalten.

Bis dann die giftige Schlange kam,
die Eva bei der schwachen Seite nahm:

»Eva komm und iß,
mach doch nur einen einzigen Biß.

Dann geh zu Adam hinaus.
Biete ihm an den Apfelschmaus.

Dann werdet ihr wie Gott gescheit,
der euch den Apfel gewiß verzeiht.

Iß nur, hab doch keine Angst,
ich weiß nicht, warum du bangst.

So komm doch endlich und iß,
die Weisheit ist dir schon gewiß.

Auch wie Gott selber wirst du sein
und tragen einen Heiligenschein.«

Die Eva hat dann den Adam verführt,
indem sie an seiner Ehre gerührt.

»Sei doch kein Hasenfuß,
so komm doch her und tu's.«

Adam und Eva haben den Apfel genommen
und auch ihre Strafe bekommen.

Die Schlange hat sie verführt
und so die erste Sünde geschürt.
Die Strafe Gottes allen dreien gebührt:

»Du Schlange sollst auf ewig kriechen,
im Staube der Erde dahinsiechen.

Adam und Eva, ihr sollt sterben
und unter Mühen leben auf Erden.«

*Wenn du mehr wissen willst, dann lies in deiner Bibel in der Genesis das dritte Kapitel.*

# Verkündigung

Maria betete mit Andacht,
als ganz leise und sacht
ein Engel vom Himmel schwebte
und die Erde heimlich erbebte.

»Maria, du bist voll der Gnade,
Gott an dir seine Freude habe.
Mutter Jesu sollst du werden
und mit ihm den Himmel erben.

Das leibliche Leben,
das sollst du ihm geben.
Du sollst ihn großziehen und ehren
und ihn vieles vom Leben lehren.«

*Maria war ganz schön erschrocken, als sie betete und auf einmal ein Engel vor ihr stand. Schlag deine Bibel auf und lies Lukas 1, Vers 26–38.*

# Bethlehem

Ein Stern ist über den Himmel gezogen,
bis er nach Bethlehem abgebogen.

Über einem Stalle bleibt er steh'n
und ist schon von weitem gut zu seh'n.

Es kommen Menschen von nah und fern,
die wollen den Stern anschauen gern.

Der Stern bleibt über dem kleinen Stall stehen,
drin sind Josef, Maria und Jesus zu sehen.

Maria hält das Kindlein warm
in ihrem weichen, warmen Arm.

Und die Engel fröhlich singen,
schon von weitem hört man es klingen:

»Menschen die guten Willens sind auf Erden,
denen soll Gottes Friede nun werden.«

*Die kleine Stadt Bethlehem ist weltberühmt geworden, weil der Sohn Gottes hier geboren wurde. Kennst du die Geschichte von der Geburt Jesu? Wenn nicht, dann schlag gleich Lukas auf und lies das 2. Kapitel.*

# Die Sünderin

Einmal war Jesus bei Pharisäern eingeladen,
als eine Sünderin kam und ohne zu fragen
eintrat in den Festsaal,
die Leute störte bei ihrem Mahl.

Sie brachte Öl in einem Krug,
den sie auf ihrem Kopfe trug.

Vor Jesus fiel sie einfach nieder,
küßte seine Füße immer wieder.

Tränen perlten auf seinen Füßen,
die sie bedeckte mit ihren Küssen.

Das Gefäß mit Öl zerbrach sie,
seine Füße salbte sie,
bitterlich weinte sie,
ihre Sünden bereute sie.

Jesus wandte sich ihr in Liebe zu:
»Deine Seele finde für immer Ruh.

Weil du mir viel Liebe erwiesen hast,
setze ich dich frei von aller Last.

Alle Sünden sind dir vergeben,
ich schenke dir ein neues Leben.«

*Die Geschichte von der Sünderin, die Jesus die Füße gewaschen hat, findest du bei Lukas 7, Vers 36–50.*

# Am Jakobsbrunnen

Jesus sitzt am Brunnenrand,
als er Schritte hört im Sand.

Eine Frau mit einem Krug tritt heran,
Jesus schaut sie bittend an:

»Frau, gib zu trinken mir,
lohnen will ich es dir.«

Die Frau verwundert schaut,
ihren Ohren sie nicht traut.

Warum geht ein Judenmann
eine Samariterin um Wasser an?

Jesus kennt ihr Trachten und Sinnen,
will sie für das ewige Leben gewinnen.

»Frau, wenn du kennen würdest Gottes Gaben,
dann würdest du dich mehr daran laben.

Wer von dem Wasser trinkt, das ich kann geben,
wird nicht mehr dürsten, sondern ewig leben.«

*Die Geschichte von der Begegnung Jesu mit der Samariterin am Jakobsbrunnen wir dir gefallen. Du findest sie bei Johannes im 4. Kapitel.*

# Auf dem Weg nach Emmaus

Zwei Jünger gehen zur Stadt hinaus
in ein kleines Dorf, das heißt Emmaus.

Ihre Herzen, die sind so schwer,
sie leiden an der Trauer sehr.

Über Jesus sprechen sie mit viel Bedauern,
der Gedanke an seinen Tod läßt sie erschauern.

Für immer ist weggegangen unser Herr,
wir hören seine Stimme nicht mehr.

Zu den Jüngern gesellt sich ein Mann,
mit dem man sich gut unterhalten kann.

»Worüber sprecht denn ihr beiden?
Wer mußte den Tod erleiden?«

Der Fremde legt ihnen aus die Schrift,
daß es die Jünger tief im Herzen trifft.

»Bruder, kehr mit uns ein,
der Abend bricht schon herein.«

So laden sie den Fremden ein,
denn sie wollen länger mit ihm sein.

Zu Tische setzen sich alle drei,
der Fremde bricht das Brot entzwei,

gibt jedem Jünger ein Stück.
Ihr Herz strömt über vor Glück.

In der Brust beginnt's zu hämmern,
im Kopf beginnt's zu dämmern:

Jesus ist tatsächlich auferstanden,
ist befreit von Todesbanden.

Er läßt uns nie allein,
wird immer bei uns sein.

*Wenn wir über Jesus sprechen, können wir die Erfahrung machen, daß er mitten unter uns ist. So erging es den beiden Jüngern, die nach Emmaus gingen. Du kannst diese Geschichte bei Lukas im 24. Kapitel, Vers 13–35 finden.*

# Macht euch keine Sorgen

Macht euch keine Sorgen
um morgen.
Alle Tage
haben ihre Plage.
Schaut auf die Vögel des Himmels:
sie säen nicht,
sie ernten nicht,
sie sammeln keine Vorräte in Scheunen.

Um wieviel mehr sorgt und kümmert sich
Gott Vater in seiner Liebe um dich.

Lern von den Lilien am Feld!
Sie arbeiten nicht,
sie spinnen nicht,
und sind herrlich anzusehn.

Wenn ich mich kümmere um Gottes Reich,
wird er mir alles geben,
was ich brauche für mein Leben.

*Gib Gott den ersten Platz in deinem Leben. Er sorgt und kümmert sich um dich. Matthäus Kapitel 6, Verse 25 ff.*

# Die Heilung des Gelähmten im Tempel

Zwei Jünger gingen zum Tempel hinauf,
da brachten Leute einen Gelähmten herauf.

Petrus und Johannes blickten ihn an.
Petrus sagte: Sieh uns an!
Silber und Gold besitze ich nicht.
Doch was ich habe, das gebe ich dir:
Im Namen Jesu Christi, des Nazoräers, geh umher!

So kam in Jesu Namen
neue Kraft in den Lahmen.

Petrus nahm den Kranken an der Hand,
dieser gleich auf seinen Füßen stand.

Er konnte nicht nur stehen, sondern auch springen
und fing gleich an, Danklieder zu singen.

Danke, mein Jesus, danke Herr.
Ich glaub an dich und lieb' dich sehr.

*Die Heilung des Gelähmten im Tempel findest du in der Apostelgeschichte, Kapitel 3, in den Versen 1–9 aufgeschrieben.*

# Zachäus

Da ist noch etwas, was uns fehlt,
ich hab' »den Zachäus« nicht erzählt.

Bewegungen habe ich mir nicht mehr ausgedacht;
denn einmal wird der Schluß gemacht.

Die Geschichte ist ohnehin so lang,
darum freut euch nur an ihrem Klang.

Am Zoll, da sitzt ein kleiner Mann.
Wundert euch nicht, wie bös er sein kann.

Er macht viele üble Sachen
und kann darüber auch noch lachen.

Er schaut den Leuten in die Taschen.
Holt alles raus, auch leere Flaschen.

»Das brauchen wir nicht zu versteuern«,
wollen dann die Leute beteuern.

Er schaut ihnen auch in die Kleider,
durchsucht sie bis auf die nackten Leiber.

Zachäus wollte immer etwas finden.
Er war ein echter Menschenschinder.

So sitzt er jeden Tag am Zoll,
seine Taschen sind alle prallvoll.

Mit den Leuten, den armen,
hat er überhaupt kein Erbarmen.

Und an einem Tag, an einem herrlichen,
wird Zachäus noch begehrlicher.

»Heute nehme ich sie alle aus:
Laß ihnen am Kopf nicht eine Laus.«

Doch diesmal hat er sich sehr schwer vertan,
zur Grenze kommen die ersten Jünger an.

Von Jesus wollen sie erzählen,
ihm die Wahrheit nicht verhehlen.

Bald entsteht ein Riesengedränge
ob der großen Menschenmenge.

Zachäus, klein von Gestalt,
findet am Boden keinen Halt.

Er flüchtet auf einen Baum,
erlebt alles wie im Traum.

Jesus schaut nach oben,
sieht Zachäus im Baume droben.

»Komm herab, ich kehre bei dir ein,
will dein Gast heute abend sein.«

Zachäus läßt sich schnell bekehren,
will Jesus Christus sehr verehren.

Alles Unrecht, das er sich erdacht,
wird nun schnell wieder gutgemacht.

Von da an führt er ein neues Leben,
will den Armen von seinem Reichtum geben.

*Die Geschichte von Zachäus kennst du sicherlich schon. Wenn du Lust hast, kannst du sie nochmals lesen: Lk 19, Vers 1–10.*

# Nachwort

Es ist mir eine große Freude, an dieser Stelle einige Gedanken und Gefühle zu Sr. Theresia-Benedictas neuem Buch „Bewegungsspiele zur Bibel“ zum Ausdruck zu bringen. Als Christin und Mutter ist es mir ein Herzensanliegen, gerade in unserer heutigen Zeit, in der vielfach unsere moralischen Werte „ver-rückt“ erscheinen, auf die tiefe Bedeutung und große Gnade der Gottesnähe hinzuweisen.

Gott bietet uns in seiner Güte und Liebe ein unendlich wertvolles Geschenk an: Seine Freundschaft! Diese Freundschaft fordert so wenig von uns und gewährt so viel: Hilfe, Stütze, Vertrauen und grenzenloses Erbarmen und Vergeben ein Leben lang!

Was also liegt näher, als dieses Geschenk so früh als nur möglich auch unseren Kindern anzubieten: Gott will Dein Freund sein! Sr. Theresia-Benedicta gelingt es in diesem Büchlein auf einmalige Weise, spielerisch und kindgerecht, Gott und die Bibel unseren Kindern mit „Körper, Geist und Seele“ nahe zu bringen. Es gibt wohl keinen besseren Weg, eine Freundschaft zu beginnen, als das gemeinsame Spiel. Miteinander spielen heißt Fröhlichsein, Vertrautsein, Glücklichsein. Wie schön, die Bibel und Gott zum Mittelpunkt dieses Spielens werden zu lassen, lebensnah und ungezwungen!

Ein Mensch, der schon in früher Kindheit die Erfahrung machen darf, Gott zum Freund zu haben, mit ihm lachen, übermütig und verspielt sein zu dürfen, trägt sein Leben lang einen unsagbar kostbaren Schatz in sich, der ihn stets hilfreich und erfüllend begleitet. Sr. Theresia-Benedicta und ihren Mitarbeiterinnen sei gedankt für dieses wundervolle Büchlein, dem ich von Herzen eine große und beglückende Verbreitung wünsche!

*Beatrice Prinzessin von Bayern*